深度学习
走向语文核心素养

袁 婷 ◎著

光明日报出版社

图书在版编目（CIP）数据

深度学习：走向语文核心素养 / 袁婷著. -- 北京：光明日报出版社，2024.8. -- ISBN 978-7-5194-8151-3

Ⅰ. G633.302

中国国家版本馆 CIP 数据核字第 2024ZQ0797 号

深度学习：走向语文核心素养
SHENDU XUEXI: ZOUXIANG YUWEN HEXIN SUYANG

著　　者：袁　婷

责任编辑：杜春荣　　　　　　责任校对：房　蓉　乔宇佳
封面设计：中联华文　　　　　责任印制：曹　净

出版发行：光明日报出版社
地　　址：北京市西城区永安路 106 号，100050
电　　话：010-63169890（咨询），010-63131930（邮购）
传　　真：010-63131930
网　　址：http://book.gmw.cn
E - mail：gmrbcbs@gmw.cn
法律顾问：北京市兰台律师事务所龚柳方律师

印　　刷：三河市华东印刷有限公司
装　　订：三河市华东印刷有限公司

本书如有破损、缺页、装订错误，请与本社联系调换，电话：010-63131930

开　　本：170mm×240mm
字　　数：149 千字　　　　　印　　张：14.5
版　　次：2024 年 8 月第 1 版　　印　　次：2024 年 8 月第 1 次印刷
书　　号：ISBN 978-7-5194-8151-3

定　　价：68.00 元

版权所有　　翻印必究

序 言

为全面深化课程改革，落实立德树人根本任务，从2014年9月起，教育部基础教育课程教材发展中心组织专家团队，在借鉴国外相关研究成果和总结我国课程教学改革经验的基础上，着手研究开发"深度学习"教学改进项目，将其作为深化基础教育课程改革的重要抓手和落实学生发展核心素养及各学科课程标准的实践途径。2017年12月，教育部印发了新修订的普通高中课程方案和各学科课程标准，把党的教育方针中关于学生德智体美劳全面发展的总体要求具体化为学生发展核心素养；各学科结合学生发展核心素养的要求和学科特点，进一步凝练出学科核心素养，并把学科核心素养作为确定课程目标、遴选教学内容、设计教学活动的主要依据。

"深度学习"的实施，进一步完善了我国课程教学改革的理论与实践体系。"深度学习"的研究，进一步丰富了我国的课程教学改革理论，对我国课程教学改革具有重要的启示和借鉴意义。

在"深度学习"教学改进过程中，笔者以一线教师的教学实践为基础，开展了多轮集体备课活动。在这些活动中，教师从学生的学习需求出发，提出了"深度学习"的基本概念和核心内涵，并在此基础上构建了"深度学习"实践的理论框架。该项目旨在通过改进教育教学，指导学生进行深度学习。同时，教师将项目研究定位为行动研究。例如，每次教师在设计单元教学的时候，都会提前先花一周时间，收集、整理学生对教学的反馈信息，然后有针对性地进行修改，以便更好地达成教学目标。在这个过程中，教师也会不断调整教学思路、设计教学环节，有时甚至需要对整个课堂进行重新设计。当然，这种方式也让我们的教学更贴近学生实际，更能让学生感受到学习的价值和意义。

通过这种方式，我们可以将教师从繁重的重复性劳动中解放出来，把时间和精力集中在如何提高教育教学质量上。另外，通过不断实践与探索，教师对"深度学习"的基本概念和核心内涵有了更深刻的认识。他们能够在课堂上有效引导学生进行深度学习。

经过反复研究与实践，项目取得了阶段性成果：一是学生的学习兴趣和学习热情得到激发，课堂秩序明显好转，学生的学业成绩显著提高，教学效果得到明显改善；二是教师的教学观念与教学行为发生了根本转变，教师在教学中更加注重对学生深度学习的引导和指导，更多地采用合作、探究的方式进行教学活动；三是学生在学习过程中体验到了自主、合作、探究的学习方式带来的快乐和成就感，增强了对知识和技能的理解，促进了知识体系和能力结构的构建；四是教师在项目研究中获得了专业发展。教师积极参与"深度学习"教学改进项目，对"深度学习"的内涵有了更深刻的认识，并能够在课堂上有效引导学生进行深度学习。

代泽斌

2024年4月2日

目 录
CONTENTS

前 言 …………………………………………………… 1

第一章　高中语文深度学习的内涵和意义 …………… 9
　　第一节　什么是高中语文深度学习 ………………… 9
　　第二节　为什么开展高中语文深度学习 …………… 39

第二章　高中语文深度学习的教学设计 ……………… 63
　　第一节　什么是高中语文深度学习的教学设计 ……… 63
　　第二节　怎样进行高中语文深度学习的教学设计 …… 88

第三章　高中语文深度学习的实施策略 ……………… 109
　　第一节　教师怎样实施高中语文深度学习 ………… 109
　　第二节　教师如何保障高中语文深度学习的实施 …… 142

第四章 高中语文深度学习的教学案例 …………………… 179

第一节 基于深度学习的整本书阅读策略——以《乡土中国》为例 ………………………………………… 179

第二节 指向深度学习的IB教学模式在高中诗歌阅读教学中的应用 …………………………………… 190

第三节 高中语文《劝学》深度学习 ………………… 201

第四节 从深度学习的视角看《雷雨》 ……………… 208

参考文献 ………………………………………………… 215

前　言

第一节　背景及意义

一、背景

深度学习是信息时代教学变革的必然选择，本书所指的深度学习是区分于人工智能领域的机器层面的深度学习，强调培养学生发展的核心素养，从发展学生深度思维的角度，促进学生全面发展。更关注深度学习对高中语文核心素养影响的研究，指向课堂教学，强调学生核心素养的进阶提升，使学习者在整合的单元教学中，提升语文素养，拥有终身学习的能力，让以学生为主体的理念真正在高中语文深度学习培育核心素养中得以落实。

瑞士的皮亚杰最早提出建构主义，它源于儿童认知发展理论，此理论提倡在教师指导下、以学习者为中心的学习：教师是意义建构的帮助者、促进者，学生是信息加工的主体、是意义的主动建构者，学生要成为意义的主动建构者。在此基础上[1]，1976年瑞典费伦斯·马顿（Ference Marton）和罗杰·萨尔乔（Roger Saljo）教授在发表的《学习的本质区别：结果和过程》中首次提出并阐述了深度学习（deep learning）的概念，之后，深度学习的实践与研究，让全世界高度关注。[2] 由此可见，从"建构主义"到"深度学习"都是教育学视野下针对人类学习而言的。近年来，国外整合式推理、概括、迁移、运用等探究学习的推进更加深入与普及，为我们的研究提供了一定的理论依据。我国深度学习自2013年启动，强调深度学习是深层次的思考，即核心学科知识、批判性思维、复杂问题解决能力、团队协作能力、有效沟通能力、学会学习能力以及学习毅力等。

2014年，教育部制定并发布了《关于全面深化课程改革落实立德树人根本任务的意见》，指出"教育部将对不同年龄阶段的学生发展进行研究，确定每个阶段的学生都应该具有必

---

[1] 王沛，康廷虎. 建构主义学习理论述评［J］. 教师教育研究，2004，16(5)：5.
[2] 马顿，萨尔乔. 学习的本质区别：结果和过程［M］. 北京：国际文化出版公司，2022.

要的素质和能力，以满足他们的终生发展和社会发展需求"①。核心素养是学生在学习过程中应当具有的，它可以满足个体终生发展和社会发展需求的必要品质和重要能力。核心素养包含文化基础、自我发展、社会参与、人文底蕴、科学精神、学会学习、健康生活、社会责任、实践创新等方面。

核心素养的提出和实践，代表了我国的教学改革进入了一个相对高级的阶段。在这个过程中强调了培养学生的创新意识和实践能力，以及主动适应未来社会发展的能力。在教学实践中，教师们已经将注意力集中到了对课程内容的集成与优化上，对学生的学习过程与体验进行了关注，倡导以任务式、情景式、项目式学习等方法开展学习，在培养学生核心素养的同时也推动着教育评估制度的变革。

二、意义

"深度学习"是以教师为主导，学生为主体，围绕具有挑战性的主题任务积极投入、参与体验、获得发展的有目的的学习过程。学生能够靠自己或团队的力量，了解学科核心概念，理解学习过程，把握学科本质及规律，获得积极内驱力、高级社会情感、正确价值观，成为兼具批判性、独立性、创造性的

---

① 周文峰. 基于核心素养的中学语文教学策略研究：评《中学语文教学设计》[J]. 语文建设，2021（19）：1.

优秀学习者，成为学习与生活的小主人。

"核心素养"是近年来教育界热议的话题。它是指学生在接受教育过程中应该具备的，能够适应个人终身发展和社会发展需要的必备品格和关键能力。在语文教育中，核心素养主要包括语言的构建和运用、思维的发展和提升、审美的鉴赏和创造、文化的理解和传承四方面。[1] 深度学习则强调在学习中获取新知识、新技能，它将促进学生对已有知识结构和经验的理解、加工和应用，从而达到对新知识、新技能的构建与掌握，这与语文核心素养中语言运用、思维发展和审美鉴赏与创造等方面存在着密切关系。

因此，我们将走向深度学习的高中语文深度学习培育核心素养的意义定位为，它以传统语文教育经验为起点，以培养学生语言文字运用能力为着力点，以提高学生的语文核心素养为落脚点，创新语文教学模式，优化语言学习过程，注重语言积累运用，强化语言实践，培养学生综合学习能力，强调学生的思维培育，促进学生思维深度提高。

---

[1] 中华人民共和国教育部．普通高中语文课程标准（实验）[J]．语文建设，2003（9）：50-64．

第二节 主题及思路

一、主题

在实践理解中,进一步将本书的主题确定为"走向深度学习的高中语文深度学习培育核心素养",通过以"深度学习"和"核心素养"的整合策略为目标、为重点,基于"课程重组"和"实践操作"的过程,关注学科核心素养的进阶提升,强调学生的思维生长过程,从过去的教师视角——教过,转变为现在的学习视角——会学;遵循"认知—理解—迁移—运用"的学习规律,通过不同类型教学,提高学生的深度学习能力,使学生拥有终身学习的动力与方法。

通过深化课程改革,强化内涵发展,促进学生的深度学习,提高学生的语文素养。本书是在当前"深度学习"教学实践研究基础上,结合语文课程教学实际和学生学习现状而撰写的一本以"走向深度学习"为主题的专著。它通过对高中语文教学内容、教学目标、教学方法、教学评价等方面进行改革,使学生从"浅层学习"走向"深度学习",从"被动学习"走向"主动学习",从"知识学习"走向问题解决,最终实现培养学生高中语文核心素养的目的。

二、思路

深度学习课堂教学以"核心学科知识、批判性思维、复杂问题解决能力、团队协作能力、学会学习能力、学习毅力"深度学习特征为目标[①]，以"自学启思—问题引思—品析探思—拓展培思—总结集思—评价反思"为操作路径，关注学生思维品质和学习能力的提升，适应未来教育的人才需求。所以在实践中，对以下内容进行了探究：

（一）深度学习和核心素养的概念及其关系

深度学习不仅强调对知识的深入理解和应用，还关注学生能力的培养和发展[②]；而核心素养则是指那些能够反映学生综合素质的关键能力，如批判性思维、创新能力、沟通能力等。[③] 两者之间存在着紧密联系：深度学习为核心素养的培育提供了知识基础和能力支撑，同时，核心素养的提升又能促进深度学习的深化。因此，高中语文教学应该围绕这两个核心概念展开，既要注重知识传授，也要重视能力培养，从而实现学生全面而有深度的学习。

[①] 林晓敏.高中思想政治课落实深度学习的策略［J］.教育观察，2021，10（27）：119-121.
[②] 付静.初中语文深度学习的落实途径分析［J］.语文课内外，2022（27）：112-114.
[③] 张敬威.基于发展学生核心素养的创新能力培养［J］.现代教育科学，2020（4）：7.

（二）提出高中语文教学深度学习实施路径

为了有效实施高中语文的深度学习，教师需要设计一系列切实可行的教学路径。通过深度学习的实施路径，教师可以引导学生在语文学习中主动探究、合作交流，从而更好地培育他们的语文核心素养。

（三）通过深度学习培育学生语文核心素养

在高中语文教学中通过深度学习来培育学生的语文核心素养，意味着教师不仅要教授语文知识，还要帮助学生发展独立思考和自我反思的能力。[1] 同时，教师还需关注每个学生的个性化需求，提供适当的指导和支持，帮助他们形成自己独特的见解和判断，从而真正实现深度学习与核心素养双重目标的统一。

第三节　章节主要内容及操作路径

第一章的内容主要为"高中语文深度学习的内涵和意义"。深入解读深度学习的定义、内涵以及在高中语文中的具体应用，探讨与浅层学习的区别。详细剖析深度学习的主要特征，包含积极性学习动机、整合性学习框架、批判性学习思维和迁

---

[1] 王亚丽. 高中语文深度阅读教学发展学生高阶思维的策略［J］. 智力，2023（2）：1-4.

移性知识应用等。

第二章的内容主要为"高中语文深度学习的教学设计"。从教学设计的角度出发,在分析过程中明确了高中语文深度学习教学设计的"四个要素"和"五个步骤"。

第三章的内容主要为"高中语文深度学习的实施策略"。结合具体的教学实践,阐述了教师在实施深度学习过程中应关注的关键环节,包括目标设定、内容选择、过程设计、评价策略以及结果导向。

第四章主要是通过具体的教学案例来深入探讨"高中语文深度学习的教学实践"方式。

第一章

高中语文深度学习的内涵和意义

第一节 什么是高中语文深度学习

一、什么是深度学习

(一) 深度学习的定义

这一新的学习方法在世界范围内越来越受欢迎。它对学生、家庭、教育者以及整个社会进行了全新的定义,并产生了许多新的结果。那么,为何如此生动有趣的学习方式不能自然而然地在教室、学校中生根发芽?教学实例给我们提供了一种新的学习方法,但是我们也要注意它的传播特性。要想把深度学习推广开来,让大家都能从中受益,就必须弄清楚它的含义。

现代教学技术教育部重点实验室主任胡卫平教授认为深度

学习最早源于本杰明·布鲁姆（Benjamin Bloom）的目标教学。[1] 1956年，布鲁姆等人在《教育目标分类学》一书中把认知领域分为知道、领会、应用、分析、综合以及评价六个层次。一般认为，知道、领会、应用三个方面属于低阶思维，即浅层学习；分析、综合和评价三方面属于高阶思维，即深度学习。布鲁姆提出目标分类之后，安德森提出，知识包括事实性知识、概念性知识、程序性知识和元认知知识四种类型，进一步在布鲁姆目标教学的基础上把认知过程分为记忆、理解、应用、分析、评价和创造六个层次。

"深度学习"这一名词由马顿和萨尔乔在1976年首次提出。"学习者因为不同的学习目的，会关注学习材料的不同方面，并采用两种对应不同层次的学习过程。"[2] 这两种不同层次的学习过程一种是深度学习，一种是浅层学习。关于深度学习笔者做了一个系统的概括和总结，在实践中基于多样化的研究视角，笔者认为深度学习可以从学习方式、学习过程、学习结构、学习目标四大视角来理解。

1. 学习方式

强调的是学生的主动性，不仅是被动地接受知识。在深度学习中，学生努力寻找知识点之间的联系，试图深入理解其中

---

[1] 林崇德,胡卫平.思维型课堂教学的理论与实践[J].北京师范大学学报（社会科学版），2010（1）：29-36.
[2] 马顿,萨尔乔.学习的本质区别：结果和过程[M].北京：国际文化出版公司，2022.

的逻辑与内涵，而不是仅停留在表面的记忆上。他们会主动地去寻找模型，寻找证据，以支持自己的理解。这种学习方式包含了高水平的认知，它鼓励学生思考、质疑、探索，而不是盲目地接受。

2. 学习过程

深度学习也是一种学生高度投入的学习过程。在这种学习过程中，学生不再是旁观者，而是积极的参与者。[①] 他们全身心地投入学习中，与知识互动，与教师和同学交流，从而得到更为深刻的学习体验。

3. 学习结构

深度学习的目标是让学生真正理解学习内容，而不仅是短暂地记住。这种理解是深入的、全面的，能够促进学生长期保留所学知识。当学生真正理解了学习内容，他们就能够灵活地运用所学知识，解决不同情境下的新问题，展现出真正的学以致用。

4. 学习目标

深度学习是学生胜任 21 世纪学习、工作与生活必须具备的一组知识和技能的总称，主要包括掌握核心学科知识、批判性思维、复杂问题解决能力、团队协作能力、有效沟通能力、学会学习能力和学习毅力七个维度基本能力，这些能力可以让

---

① 徐春华. 深度学习的行与知 [J]. 课程教材教学研究：小教研究, 2020 (7)：1.

学生灵活地掌握和理解学科知识以及应用这些知识去解决课堂和未来生活、工作中的问题。

表1 深度学习学习目标

核心学科知识	学科知识是一个人在社会中成功所必需的一系列学科知识。它包括了学科的基础，从基础的基本原理到高级的复杂概念。与此相关的是，学生所学的学科知识并不能保证他们在学习生活中具有良好的表现
复杂问题解决	现实生活中的问题往往是复杂的，需要学生具备复杂问题解决的能力。所以解决复杂问题的能力包括了分析问题、提出解决方案、实施方案并评估结果等一系列技能
团队协作	在团队中，每个人都有自己的角色和职责，如何与他人有效合作、共同完成任务就显得尤为重要
有效沟通	有效沟通则是团队协作和其他社交场合中的关键技能。无论是口头表达还是书面表达，清晰、准确、及时地传递信息都是有效沟通的基本要求
学会学习	学会学习是掌握如何高效学习的技能，这包括了时间管理、学习方法选择、学习资源利用等方面。一个会学习的学生能够在不断变化的学习环境中迅速适应，持续进步
批判性思维	批判性思维是一种独立的、反思性的思维方式。它要求学生不盲目接受信息，而是能够理性地分析、评估信息的真实性和价值，从而做出明智的决策。这种思维方式对于培养学生的独立思考能力和创新精神至关重要
学习毅力	学生在学习过程中，自觉地确定学习目标，并为了实现这些目标而克服各种困难、挫折和干扰，坚持不懈地努力的一种心理品质。这种毅力主要体现在学生能够持之以恒地完成学习任务

(二) 深度学习与浅层学习的区别

1. 浅层学习释义

在讨论深度学习和语文核心素养的关系前，有必要明确两者的本质差异。在认知水平、知识加工、记忆持久性和迁移能力上，两者都存在着明显的差异。一般认为，记忆和理解属于低阶思维，应用、分析、评价和创造则属于高阶思维。浅层学习就是一个浅层加工（surface-level processing）。[①] 在浅层学习中，学习者一般将注意力放在学习文字本身的内容上。学习者如果仅关注文字本身，关注字面意思，这就是一个浅层加工，是一种复制型的学习观念，主要采取死记硬背的学习策略。目前在我国，死记硬背的学习策略依旧较为普遍，这与当前国际上研究学习科学的方向完全是背道而驰的。而在深度学习也就是深度加工（deep-level processing）中，学习者指向的是学习材料的意向性的内容[②]，即学习的目的是理解作者和文字背后所想表达的意义。

"浅层学习"指的是学生对所学的知识仍处于"记忆"中的水平。在这种教学方式下，学生往往处于被动的状态，在这个过程中学生还习惯于通过机械的、重复的方式将书本上的知识和教师讲授的内容牢牢记在心里。这种学习方式缺乏对知识的深入探究和理解，学生经常不能深入地思考和提出问题，而只是停留在表面的、零碎的记忆里。这就造成了学生在学习过程中所获得的知识支离破碎、内容不完整。在这个过程中缺乏对知识的理解，所以在知识学习后的记忆比较容易遗忘，难以

[①] 柏杨，翟元国. 为学生"深度学习"而设计 [J]. 物理教师，2014（8）：3.
[②] 李楠，贺美蕊，马连博. 进化深度学习的研究现状与进展 [J]. 信息与控制，2024，53（2）：129.

促进思维的提升。

2. 深度学习与浅层学习的差异

深度学习相对浅层学习而言，具有更高的认知层次。这并不只是单纯地记住、了解知识，更重要的是要批判性地去思考、去学习。深度学习需要学习者能够主动地、批判性地吸收新知识，并将其与已有的知识体系相结合。这种融合并非单纯的叠加或堆积，而是通过比较、分析、综合等高层次的思维活动，将新的知识同已有的知识进行深入的关联与融合，最终得到一个更完整、更丰富的知识系统。

深度学习也要求学习者通过横向关联与对比，找出其相似与不同之处，揭示其内在的深刻规律。它不仅体现在同一门学科内的知识，也体现在不同领域、不同学科的知识间，这样才能达到学科间的融合与创新。在此基础上，深度学习可以突破传统的思维模式，突破学科的藩篱，培养出更为广阔的视野与更为灵活的思考方法。

深度学习强调学生知识迁移与问题解决能力的培养，既要求学生能把所学的知识运用到类似的情景中，又能把已学到的知识转移到一个未知的情境中以应对学习生活中的挑战。它不仅是对知识的简单迁移与模仿，更需要学习者在针对新情景、新问题特征的基础上灵活、创造性地整合、运用知识。所以在实践的语文教学中，深度学习的思想是十分重要的。在思想层面上，语文教育的深度学习不仅是字词、语文知识的传授，同时也是思想、审美、文化的教育。在深度学习的过程中,学习者能够对语言的美有更深刻的认识,更好地掌握并表达自己的思想感情,更好地使用语言来进行交际与创造。与此同时,深度学习还可以培养学生欣赏和批判文学作品的能力,提高学生的人文素质与审美品位。

总体而言,深度学习在认知水平、知识加工、记忆持久性和可移植性等方面都与浅层学习存在明显差异。在语文教学过程中,要大力提倡深度学习的思想与方法,使学生由肤浅的知识与理解过渡到深刻的思维与创造,使其核心素养与综合素质得到切实提高。它既是语文教学改革的需要,又是新时期培养合格人才的必经之路。

(三)深度学习在高中语文中的应用

高中语文的深度学习是深度学习运用中的一部分,因为高中语文核心素养的提出,要求思维的进一步培育,所以深度学习与高中语文教学紧密关联。其间,我们将"学习"和"主题"有机地融合在一起,实现了"深度学习"和学习过程的一体化。[①] 在新一轮课改深入推动的过程中,这样的语文学习研究内容也必然受到较多的关注。

在很长一段时间里,很多学者都对"深度学习"这个概念进行了深入的探讨和界定。将深度学习用于中学语文教学,是

---

① 龚静,侯长林,张新婷.深度学习的生发逻辑、教学模型与实践路径[J].现代远程教育研究,2020,32(5):6.

一种与学科紧密结合的教学方法。这就需要学生在教师的有意指导下,在真实的语境中,完成富有挑战性的任务,主动建构自己的知识体系。在这个过程中,学生不但要具备一定的语言知识和技能,而且要培养他们的批判性思维、创造性思维和解决问题的能力,并且培养他们的学习态度和正确的价值观。

在高中语文教学中实施深度学习,旨在培养学生的核心学科知识、批判性思维、复杂问题解决能力、团队协作能力、有效沟通能力、学会学习能力以及学习毅力这七个维度的基本能力。

表2 高中语文深度学习学习目标

核心学科知识	高中语文的核心知识包括语言基础知识、文学知识、文化知识等。深度学习强调学生对这些知识的深入理解和掌握,能够灵活运用所学知识去解决实际问题
复杂问题解决	在学习的过程中,高中语文的深度学习鼓励学生从不同角度审视问题、解决问题,针对在学习活动中学到的知识提出创新性见解。在目前的学习活动中,学生趋向于解决单一问题,在深度学习的过程中不仅要理解学习内容,也要把握知识的整体内容
团队协作	在团队协作中,深度学习要求学生能够积极参与团队活动,发挥个人专长,为团队目标的实现贡献力量。同时,学生还要学会倾听他人意见,尊重团队成员的多样性,营造和谐的工作氛围
有效沟通	有效沟通是深度学习中不可或缺的一环。学生需要学会用准确、简洁的语言表达自己的观点和想法,并能够理解他人的需求和感受。通过良好的沟通,学生可以更好地与他人合作,实现信息的共享和交流
学会学习	在社会环境迅速变化的过程中,学生也需要更新学习方法。深度学习要求学生掌握有效的学习方法,包括语文学习中对自己学习方式的管理、记忆方式的管理、学习思维的管理,以及对于学习目标的预期等

续表

核心学科知识	高中语文的核心知识包括语言基础知识、文学知识、文化知识等。深度学习强调学生对这些知识的深入理解和掌握,能够灵活运用所学知识去解决实际问题
批判性思维	深度学习要求学生对接收到的信息保持审慎态度,进行理性分析和评估,避免盲目接受或拒绝。通过批判性思维的培养,学生可以形成独立的见解和判断,提高决策的准确性和有效性
学习毅力	学习毅力是深度学习中不可或缺的品质,它要求学生在学习过程中保持坚定的目标和信念,勇于面对困难和挫折,坚持不懈地追求进步。学习毅力主要体现在学生自主学习、解决问题的过程中,没有深刻的学习毅力就难以开展深度学习

为实现这一目标,教师需要精心创设问题情境,指导学生自主探索、协作学习,并鼓励学生进行自我反思和总结。教师的角色由传统的知识传授者转变为学生学习过程的引导者和促进者。同时,教师还要对学生的学习过程给予及时的评估与反馈,帮助学生认识到自身的不足,并激励他们不断提高。

同时,深度学习并非一种独立的学习模式,它与其他学科及领域有着密切的联系。在学习语文的过程中,学生能够接触到大量的文学作品、历史、文化等方面的知识,从而对其他科目的学习起到很好的支持和辅助作用。为此,在深度学习的过程中,笔者也提倡跨学科的学习与融合,使学生在多元化的学习情境下,全面提高自身的综合素质与能力。

二、深度学习的主要特征

在明确了深度学习的概念之后,还需要了解深度学习的主要特征。在实践中，因为深度学习与学生的学习动机、学习活动有关，所以在实践中，笔者将其总结为积极性学习动机、整合性学习框架、批判性学习思维和迁移性知识应用等方面。

（一）积极性学习动机

深度学习是一种注重学生主观能动性的学习方法，它的第一个特点就是积极的学习动机。学习动机是深度学习活动能够发生并不断发展的内部动力。通过深度学习，学习者从"知识接受者"变为"知识发现者"和"学习创造者"，帮助他们有效沉浸在学习活动中，创造学习价值。[①] 在深度学习活动中，教师要提供足够的外在刺激与需求。例如，教师在指导中，通过为学生设置具有挑战性的学习任务、提供丰富的学习资源，进一步促进学生的学习动力生成。但是，学生内在的需要与兴趣才是更主要的因素。学习者在对某个学习点或课题表现出强烈的兴趣时，会自觉地搜索有关的学习资源，并对所涉及的知识进行积极的探究与理解。通过外在的需求培育学生的内在兴趣需求，提高学生的学习动力，就必须采用一套行之有效的教学策略与手段。

1. 创造能够吸引学生的环境

学习环境要能激起学生的学习兴趣，使他们积极地投身于

[①] 王妍，邓波，李春梅，等. 基于问题的深度学习："学术引领—问题驱动—自主发展"教学理念解构[J]. 齐齐哈尔师范高等专科学校学报，2017(6)：119-121.

学习活动之中。例如，在教学活动中，教师通过设置富有挑战性的学习任务，为学生提供丰富多样的学习资源，创设生动、趣味盎然的学习情景。

2. 提供学习兴趣支持的资源

每个学生都有自己的兴趣与需要，教师只有能为学生提供适合的学习资源，才能更好地促进学生的学习。比如，在对文学有兴趣的学生中，教师可为学生提供一些古典名著及有关的书评；如果学生对历史文化有浓厚的兴趣，可以引导他们从历史材料、历史事件等方面进行分析。

3. 加强深度学习方式的运用

在教学实践中教师要能够积极运用深度学习的方式构建课堂。比如，教师可以采取以学生为主体的教学方式，如问题式教学法或案例教学法，使学生在解决问题中积极地进行知识的建构。另外，在课堂教学中，教师也可以开展多种形式的学习活动，如小组讨论、角色扮演等，充分调动学生的积极性。

4. 需要适时对学生进行指导

在课堂上，教师要注意学生的学习状况与要求，适时地调整教学策略与方式，以维持学生学习的积极性。[①] 在此基础上，教师应适时给予学生反馈与评估，以提高学生的学习成就感，从而更好地调动学生的学习热情。在学生学习过程中，教师也

---

① 赵燕萍. 语文课堂教学中的适时调整策略［J］. 新课程学习（下），2012（4）：18.

要耐心地引导、帮助学生克服困难、挫折。通过这种方式，学生在教师的指导下，可以逐渐培养出主动学习的动力，进而更好地进行深度学习。

因此，加强深度的学习兴趣，帮助学生获取相应的学习能力，是深度学习研究的一个重要特点，需要学生主动地探索知识、理解知识，发现学习中的问题。学习者在学习过程中必须具有主动学习的动力，才能使其在学习过程中获得持续的进步与成功。[①] 所以，在学习过程中，我们要时刻注意并积极地发展学生的学习动力。

（二）整合性学习框架

在探索深度学习的特性时必然需要整合学习的架构。在学习语文的知识中，需要从孤立的、碎片化的知识点出发，注重知识之间的内在关联和综合。深度学习需要学习者在理解知识的同时，将其整合为一个庞大的知识网络，从而形成一个完整的、相互联系的知识体系，培养复杂问题的解决、整合能力。

1. 整合多学科框架，建立内部联系

整合学习架构的内涵不仅限于单一的学科间的知识整合。它倡导学生突破传统的学科界限，进行跨领域的知识融合。这种集成并非单纯的知识堆积，而是建立在其内部逻辑与联系的深度结合之上。在深度学习过程中，学习者必须持续地探索不

---

① 沈文洁. 支持深度学习的课堂对话研究［D］. 上海：华东师范大学，2020.

同知识点和不同学科之间的共性，并从中挖掘出深层次的关联，从而达到融会贯通的目的。

对学生来说，完成完整的学习架构，是一个不断变化的过程。这就要求学生具有较强的自我管理、自主学习、批判思考能力。首先，学生必须对所学内容有一个清楚的总体认识，弄清其内部关系，厘清其逻辑关联。这就要求学生在学习的过程中，持续地进行归纳、整理和反思，把新的知识和现有的知识相比较，建立牢固的知识基础。其次，学生应具有跨学科的眼光与思考能力，敢于突破传统学科的藩篱，力求从多元的、综合的视角来认识与解决问题。这就要求学生主动寻找学科间的共性，探寻交叉学科的研究途径与应用途径，从而获得知识的创新与发展。

2. 基于框架提供挑战性问题

如何指导学生完成完整的学习架构在实践中是一个具有挑战性的问题。一方面，要给学生创造一个丰富多彩的学习环境，使学生能够广泛地接触各种学科的知识。这就要求教师在教学设计、资源开发等方面下大功夫，充分利用各类优质资源，为学生创造良好的学习环境。另一方面，要采取灵活多样的教学策略与手段，以提高学生的学习兴趣与热情。这就要求教师把学生放在主体地位，充分尊重学生的人格与需要，用指导、启发、讨论等方法，使学生养成独立学习的意识与能力。

在深度学习实施过程中，构建一体化学习体系，需要师生双方共同努力。学生应根据自身的实际情况，适时地调整自己的学习策略与方式，并主动地探讨跨领域的知识整合途径。同时，教师也要对教学方式与方法进行改革，创造一个更为开放、多元、互动的学习环境。在此基础上，我们将逐步建立一个更为系统、完备和高效的深度学习系统。

3. 构建完善的学习方式，有机融合知识

构建完整的学习模式，不但可以帮助学生更好地了解与把握所学的知识，而且可以帮助学生获得创造性思考与解决问题的能力。学生在学习过程中能够将所学的知识进行整合，形成一个完整的知识系统，从而对知识的性质与内涵有更为全面和深刻的认识，进而引发新的思维与见解。只有将不同领域、不同学科的知识有机地融合在一起，才能以更灵活的方式将所学的知识应用于实际问题中，使知识的价值与意义得以体现。

所以，深度学习的教学设计最大的特点就是要构建一个整体性的教学活动。所以在设计的过程中，不仅要注重语文知识间的联系和整合，而且要引入多样化的知识内容打破传统的学科界限，构建交叉性的生活内容。这就要求教师要营造一种生动活泼的学习氛围，运用多种教学方法和策略，激发学生的积极性，最终实现学生学习思维上的成长和提高。

（三）批判性学习思维

批判性学习思维是深度学习研究的重中之重。深度学习最终要落实到学生的学习问题解决方面之中，所以培育批判性的思维内容就是深度学习的重要手段。① 这就要求教师能够准确把握语言"输入"转化到"输出"的过程，避免"浮于表层"，将其延伸到处理加工的环节之中。但是在深度学习过程中，批判性思维需要从多个方面来表现。

1. 批判学习，外延内涵

建立深度学习的方法，要求学生在学习的同时，深入地思考和分析所学的知识。这种思考和分析并不只是简单的背诵和机械复述，在这个过程中需要对其内涵和外延，以及学习内容的逻辑结构进行深度分析。在开展学习中要结合已有的经验，准确把握知识运用中的规律，通过思维的深度挖掘，搜寻在学习活动中的支撑证据和具体支持，构建完善的知识体系和认知结构。

2. 批判思维，拓展知识

批判性思维还需要学生经常反省，调整自己的认知。深度学习不仅需要关注外部的知识，更需要关注内部的世界。所以，学生在学习的过程中需要时常反省自己的学习策略、思维方式和认知偏差，发现自己的局限，从而有针对性地改进和提升。这种反思和评估的过程，能培养出更加客观、全面和深刻的知识论和方法论。

---

① 孙双金. 深度学习与批判性思维的研究［J］. 江苏教育, 2019 (1): 4.

3. 批判思维，开放包容

在此基础上，提出了一套行之有效的教学策略，以提高学生的批判性思维能力。首先，要为学生创造一种开放、包容、多元的学习氛围，让学生从不同的角度去思考、去分析、去理解。在这样的环境下，学生能够自如地表达自己的意见和看法，并与别人进行深度的沟通与探讨，以此来扩大自己的思考范围和认识深度。

4. 任务导向，培养思维

要以特定的教学活动与任务为导向，以培养学生的批判性思维。比如，在课堂教学中，教师可以针对学生提出一些有争议的、复杂的、开放的题目，让学生自己去分析、评价。该课题的研究内容可以涵盖多个学科领域和真实的生活情景，为学生提供了多种视角、多种数据和多种解读的机会，进而对这个世界有更完整的认知和了解。另外，要重视学生的反省与评价。通过定期的反馈、评估与指导，使学生认识到自身的认识偏差与缺陷，进而有针对性地改善与提高。在此基础上，教师也可以通过组织学生开展同伴互助、小组协作等活动，给学生提供一个从别人的角度和反馈来检查、修正自己的思考模式和认知结构的机会。

在进行深度学习的同时，也要充分发挥学生的主观能动性。在学习过程中，要有开放、独立、探究的心态，对所学的东西要有一个客观的评估和评判，而不是盲从或否认。与此同时，也要敢于向自身的思维惯性与认识极限发起挑战，寻找多元角度思考问题，使自己的思考空间与认知范围持续扩大。可以说，在深度学习中，批判性学习思考是一个重要的因素。这就需要学生在学习过程中，不断地反思、分析自己的知识，不断地调整自己的认识。要培养学生的批判性思维能力，就必须创造一种开放、包容、多元的学习氛围，以特定的教学活动与任务指导学生的批判性思维，注重学生的反省与评价。在学习过程中，学生要充分发挥自己的主观能动性，对自己的思维惯性和认识的局限性保持开放、独立和探究的心态。唯有如此，才能让学生在深度学习的过程中，不断向知识的巅峰攀登。

（四）迁移性知识应用

在深度学习领域，将知识转化为可迁移性知识进行应用也是重中之重。知识迁移要求学生在掌握基础知识的同时能在新的情景、问题中对已有的知识经验灵活运用，从而达到对问题的解决，进而培育学科综合素养推动思维的提升。[1] 迁移性既表现为近似迁移，也表现为在类似场景下的使用，也可以表达出"远程迁移"的多样化场景运用的过程。

深度学习有别于传统学习方式的一个显著特点就是可迁移的知识利用。在传统的学习方式下，学生只能依靠记忆，机械地学习，而对于新知识、新问题无从下手。而深度学习则是激

---

[1] 付静. 初中语文深度学习的落实途径分析［J］. 语文课内外，2022（27）：112-114.

发学生主动发掘其中蕴含的基本特点与规则，通过对其进行把握，从而更有信心应对未知挑战。要使知识的迁移运用真正落到实处，教师就必须在学生的学习过程中起到重要的指导作用。

1. 掌握抽象知识

深度学习思维要求教师引导学生对所学抽象化知识进行一般化处理。这就要求教师在传授知识的同时，也要指导学生去理解知识的共性与内在逻辑。在此过程中，学生可以从中提取出所要掌握的知识的基本特点与规则，从而为以后的迁移应用打下良好的基础。

2. 创造现实情景

给学生创造各种各样的现实问题与情景。问题与情景应包括与所学内容有直接联系的情景，以及要求学生灵活应用所学知识加以创新与解决的复杂情景。同时，也可以使学生通过各种形式的练习，不断地尝试，不断地调整和改进他们所掌握的知识，从而逐步提高他们解决实际问题的能力。

3. 注重个性差异

在深度学习中，教师要注意学生的个别性差异需要，提供多元支持和指导。不同的学生对语文学习的理解有着不一样的困难和障碍[1]，这就要求教师根据学生的不同特点，给予有针对性的引导与支持，使其在学习中摆脱困境，达到有效的迁移

---

[1] 于海霞. 在深度学习中提升学生的语文学习力[J]. 小学生作文辅导（上旬），2023（5）：89-91.

与运用。

4. 提升学习效率

充分发挥积极学习的效果，进一步提高学习效率。学生要积极地投入学习的进程之中，积极地进行探究，并对知识的内部关系及外部运用进行探索。在此基础上，教师要敢于试验、敢于创造，不要停留在已有的认识、研究方法上，要不断地寻找新的突破与可能。

5. 培育迁移能力

如何提高学生的迁移能力，是学生今后发展的关键。在瞬息万变的社会背景下，学生必须对新的情况、新的挑战进行调整，并将所学到的知识应用于实践中。而迁移式的知识运用能力，恰恰是培养学生的核心能力。通过对知识的迁移应用能力进行培养，学生不但可以将所学到的知识运用到实际问题中去，而且可以在持续的学习与实践中提高自身的综合素养和创新能力。

利用可迁移的知识是深度学习的一个主要特点。这就要求学生既要对所学的知识有一定的了解，又要在新的情况、新的问题中灵活应用。而要达到这个目的，教师就必须在教学过程中扮演一个重要的引导者角色，协助学生对知识进行抽象与归纳，并为学生创设各种现实问题与情境。同时，学生也要充分发挥自己的主观能动性，主动地参加学习。通过多元学科之间的合作，创造可迁移性的知识。

三、深度学习与核心素养的关系

(一) 语文核心素养的内涵

在新一轮课程改革的大背景下,如何培养学生的核心素养已是当前的研究热点。然而,由于长期以来的"应试"观念和"高考"的压力,教师们常常把注意力集中在知识的内容上,而不能很好地实现对学生的语文核心素养的培养。[①] 所以,教师们要抓住语文核心素养的本质含义,积极地在自己的教学过程中探寻培养的途径,把核心素养的培养融入教学之中,从语言的构建和运用、思维的发展和提升、审美的鉴赏和创造、文化的理解和传承四个层面来提升学生的语文学习效率,提升课堂教学的效率,促进学生语文核心素养的培养。

1. 语言的构建和运用

语言的构建和运用是语文学科最大的特点,也是其本质内涵。语言作为日常交际和学习的一种重要手段,能使学生真正地感受到自己的思想。在语文教学过程中,对学生进行语言表达和应用能力的训练,可以有效地提高学生的学习效率,促进其核心素质的提高。例如,苏轼《念奴娇·赤壁怀古》,"乱石穿空"中的"穿",原本就是"破、透"之意,在这首词中,乱石虽不能"穿空"但其能突出石头速度快、锋利的感

[①] 孙珮珊. 新高考背景下高中语文核心素养的有效培养措施探究 [J]. 语文课内外, 2022 (6): 70-72.

觉，让学生更能体会到"穿"这个字的表达内涵，并将它应用到自己的语言发展中，提升自己的语言应用能力。另外，在学习其他文本的过程中，也可以注意对关键词的分析，从而提高学生的核心素养。

2. 思维的发展和提升

在高中阶段，随着身体和心理的发展，学生的思维能力也会随之发展，他们会以一种辩证的态度来看待问题，以一种多元化的思维方式来看待问题，进而以不同的方式来解决问题。[①]所以在学生成长的这一时期，语文教学也要注重培养和提高学生的思维能力，针对不同阶段的学生，采用有针对性的教学方式。例如，教师可以在语文课堂的教学活动中，针对单元语文要素来设定一个话题，举办一次辩论赛或者是一次作文比赛，将思想融入实践，以此来提高学生的思维能力和核心素养。

3. 审美的鉴赏和创造

语文中有许多美丽的语言，无论是古代的诗词歌赋，还是当代的小说散文，它们都有一种语言美和情感美，它们构成了语文核心素养的基本内涵，只有拥有对美的体验和感悟，才能培养出学生的审美和创造力。在学习过程中，学生需要既能在生活中发现美、找到美，又能更好地进行创作。所以，教师要对语文知识审美欣赏的含义有一个透彻的认识，要让学生学会

---

① 王艳. 论高中时评写作训练应以思维发展与提升为本 [J]. 神州，2018 (13)：1.

寻找美的途径，而不是单纯地想要提升自己的分数，盲目地以一种客观的方式来认识美、品鉴美，甚至去死记对应的美丽语句。

4. 文化的理解和传承

中华文化博大精深，历史悠久，许多优秀的文化都是以汉字为基础流传下来的，因此，学习语文可以使我们对中国传统文化有一个全面的了解。在当今这个多元文化融合的时代，许多学生都会被西方文化所感染，从而丧失了对中华传统文化的信心，导致他们的"崇拜"偏离方向。通过对中华文化的继承和理解能力的培养，使学生能够分辨出传统文化的优点和缺点，取其精华，弃其糟粕，树立维护中华文化的自信心，达到文化传承的目的，使学生能够更好地以中华文化为基础认识其他文化，并以此为出发点，对当代文化加以创新，从而推动传统文化的继承和发展。

（二）语文核心素养在深度学习中的体现

高中语文是我国基础教育中最主要的一门课程，它在培养学生的核心素养方面起着举足轻重的作用。深度学习是一种全新的学习观念与方式，它为基础教育课程改革与发展提供了新的思路与途径。语文核心素质包括语言的构建和运用、思维的发展和提升、审美的鉴赏和创造、文化的理解和传承。

1. 发挥语言学习理解的基本价值

语言是语文学习的根本，也是培养团队协作、交流的能力基石。在语言层面上，运用思维是其基本动因，在学生对语言的学习过程中，需要加强对语言的理解、分析与创造。通过对语言的进一步理解，能够促进审美素养、文化理解的发展，实现在语文学习中的更高层次的目标，传承其文化韵味。所以，核心素养的四个方面是相互联系的，它们也是在学习活动中相互促进的部分。总之，语言的建构和运用是基本，思维的发展和提升是路径，审美的鉴赏和创造、文化的理解和传承是最终需求，因此核心素养在深度学习中的作用尤其突出。

2. 注重让语文学习知识的深入吸收

首先，深度学习侧重于让学生对所学知识有更深刻的了解与吸收。这既是对语言知识的了解与把握，也是对其所蕴含的思想、审美、文化等的感悟与体验。① 在此过程中，学生能够更深刻地体会到语言的美，体会到作品中所包含的感情与理念，进而提高自身的语言素质与表现水平。其次，它重视对知识的运用与创造。在语文教学中，就是要让学生既能对学到的东西有充分的了解，又能把学到的东西应用到实践中去，并能在实践中实现自己的创新与创造。比如，通过对文学作品的深度研究与领悟，提高自身的欣赏与创造能力；通过对语言的分析与应用，提高自身的写作与口头表达能力。同时，也强调了学生在学习过程中的自主性与协作性。在语文教学过程中，要使学生在语文教学中不断地积累自己的语言知识，提高自己的

---

① 吴玖丹. 指向深度学习的教材资源挖掘［J］. 课程教学研究，2019（2）：6.

语言能力；学生还应在合作学习中与别人沟通、分享自己的观点与感受，以此来开阔自己的眼界，提高自己的思想水平。

3. 推动教师课堂教学方法的进一步改革

要使核心素养真正地体现在高中语文课堂上，就必须对其进行教学方式、教学活动的改革。比如，教师可以设计一些具有挑战性、趣味性的学习任务，以提高学生的学习兴趣，提高他们的学习热情；通过开展各种形式的学习活动，增强学生的参与性、体验性；在课堂教学中，教师要指导学生开展研究性、协作学习，以提高学生的自主性、合作性学习能力。

在此基础上，教师要注意并指导学生的学习过程。比如，教师可以通过课堂观察、批改作业、个别辅导等方法，对学生的学习状况与存在的问题进行及时的引导与帮助；通过经常性的评估与回馈，激发学生在学业上的进步与成长。

同时，需要通过"学生为本"[1]的教学理念，发挥深度学习和核心素养的融合性。深度学习是一种全新的学习观念与方式，它为基础教育课程改革与发展提供了新的思路与途径。教师们要跟上现在的教育改革，紧密地与学生的具体学习情况相结合，对教学理念和教学方式进行革新，保证学生能够更好地了解和吸收相关的语文知识，真正地提高他们的语文素质和能力。

---

[1] 主要责任者. 国家中长期教育改革和发展规划纲要（2010-2020年）[EB/OL]. 中国政府网，2010-07-29.

（三）深度学习对语文核心素养的促进作用

1. 推动学生的深度学习

语文核心素养的培养重在情境化、行为化、反思化。教学的成效，要看是否学得好。因此，在教学过程中，教师要针对每个课程的特定需要，创造出对应的情境。例如，教师可以通过创设招聘情景，对学生的参与过程进行观察，在这个过程中，不仅可以考查学生对专业知识、技能的掌握程度，还可以考查学生的语言表达能力。而教师要指导学生怎样去表达才能得到面试官的注意，同时还要知道一些什么，比如，要知道雇主到底需要应聘者拥有什么工作技巧，这样才能将自己的理想与雇主的总体目标结合起来，从而达到有的放矢的目的。这就需要教师们从细节入手，把所有的细节都考虑进去。

教师在进行教学设计的时候会编写教案，从引入的情境到教学的进程，弄清楚"我"想要干什么。教师要把重点放在学生学到什么上，而不是教师要做什么。[1] 因此，深度学习是非常重要的，从学习到深度学习，教师的专长就在于此。当前的学习方式主要有伪学习、浅层学习和深度学习三种。其中，深度学习要使学生成为主动学习的人，教师扮演着指导、维护和促进学生进步的角色。其目的在于实践运用，形成"共生"与"共享"的计分规则。教学中应注重高投入、高认知、高反馈，

---

[1] 余映潮. 详写教案，保证教学设计的质量：谈语文教师综合素养的自我训练（14）[J]. 语文教学通讯，2014（11）：17-18.

教学评估体现在实际情况、任务绩效和学生反馈的基础等方面。

2. 在单元中进行完整的教学设计

以往对知识点的学习十分琐碎，停留在对知识的理解、记忆和简单应用上[①]，这样很难把学生的核心素质培养起来，我们需要有一个整体的视野、全局的学习来进行整体的教学设计。在单元教学中，每一个课时都是单元教学中的重要环节。例如，在课堂教学中，某一单元主题之下的4篇材料，若没有一套整体的学习计划，也没有学习任务的推动，那它只是一种内容单元，而非我们所说的单元概念。从知识点到单元，是教师备课站位提高的表现，而哪一种位置，就决定了哪一种视野和格局。从知识点的角度来看，只需要理解、记住，立足于单位，着眼于目标，是培养学生核心能力所必需的品格和价值观。所以，在进行学科核心素养的教学时，一定要提高教师的教学设计站位。在进行大单元的设计时，要解决以下七个方面的问题：一是怎样根据学科核心素养、学科核心概念、教材、课时、学情和资源，来决定一个学期的单元名称和数目，还有每一个单元的课时多少；二是怎样在每节课的基础上，设计出一套完整的学习计划；三是怎样将实际的情景或任务融入单元的学习中去；四是怎样设计用于指导和帮助学生进行反思的框架；五是学习的过程，也就是要经过什么样的学习活动；六是

---

① 韩燕. 以深度学习教学促进学生核心素养提升［J］. 中学课程辅导（教师通讯），2017（8）：75.

教学活动的检测，也就是是否真正学到了东西；七是课后反思，也就是要以什么样的方式来进行自我控制。从一定意义上说，修养并非直接传授，而应由学生自己领悟，而怎样使学生获得恰当的感悟与反省，则要靠教师去思考。

3. 教学活动目标系统的确立

在确定了单元之后，想要把学生和教师平时的教学联系起来，就必须有一个目标系统。高中学校语文教学目标体系的建构，应以高中学校的语文核心素养为中心进行。[①] 从总体上讲，语文的核心素养包括：语言的构建与应用、思维的发展与提高、审美的鉴赏与创造、文化的理解与继承。这四个方面，每一个方面，都有超过 20 项的内容。比如，语言的构建与应用考察的是学生的积累、系统、交际、评估，每一项都应当转化为具体的、可量化的考试内容。以核心素养为中心构建的目标体系，反映了语文教育的根本需求。对高中语文教学来说，需要依据语文课程标准，重新调整和改进学生的学习能力。教师要学会将课程标准分解，将课程标准细化，并将其构建成一个目标体系，这个目标体系要远远大于学科知识体系，因为学科知识体系只是内容体系，而目标体系却是教育体系。在确定了教学目标系统后，才能着手研究教学内容，这是上好课程的先决条件。教师要明白新课改，是用课本来"教"，防止"只讲

[①] 冉微. 浅谈如何在高中语文教学中落实核心素养教育目标［J］. 中学生作文指导，2020（6）：1.

题",而忽视了"悟内涵"。举一个例子来说,语文教学就是要利用教科书中的优秀作品来激励学生、启迪智慧、塑造美好的人格,培养爱国主义精神、奉献精神等。

4. 科学地进行教学内容的设计

在课堂上,教师不仅要向学生传授知识,还要向学生讲授内涵。课本内容指的是课本中所示的东西,而教学内容则是指根据特定的目的而在教室中提出的东西。比如,高中语文要求学生具备良好的阅读能力,有些教师按照课程标准将其理解为正确、流利地朗读课文,这样的目标只反映了课本的内容,没有具体的教学方法,也没有达到具体的目的。如果把目标调整为,本节课的重点在于准确朗读内容,那么在这个过程中依然无法满足"理解文本的主旨和细节,并能够分析和评价文本的结构、语言运用和意义"的要求。[1] 于是,首先,教师要对知识进行结构化,使其具有最基本的性质,这样才能更好地记住和转移。其次,知识有条件化,就是要将这些知识还原到原来所在的位置,使学生了解这些知识的来源,因为我们所学的大部分内容都是从生活中来的,这也是要让他们了解知识的含义,而不仅是书本上那些抽象的文字概念,它是隐含在生活中的。在每一节课中,都要让学生明白,知识是从生活中来的,也是用在生活中的。最后,认识情境,即运用所学知识。在教

---

[1] 冯智华. 巧用四步法 解析文本结构 探寻文本意蕴 [N]. 北京考试报, 2022-12-10.

学过程中，要注意对教材内容的增加、删除、替换、整合、重组等。所以在教学活动中，目标并不是要正确、流利地朗读内容，而是要能够对文章内容进行更加深度的加工。

5. 传授适当的学习方法

学习素养要建立在对其认识的基础上，对其进行恰当的处理，如果过程方法不对，就不能提高素养。所谓学习方法，是指人们在学习活动中所掌握的具有规律性和操作性的方法，即学习规律。语文核心素养要求学生能够形成积极的学习态度，但这一过程不是一蹴而就的，它需要教师在教学中逐渐帮助学生掌握"学会学习的能力"，也就是说，在教学中教师要培养学生理解、思考、表达等方面的综合素质，促进他们在真实情境中运用语言文字来表达需求、解决问题。

在语文教学过程中，"任务"是一种有中国特色的学习方法。就拿语文课改来说，语文学习的目标就是"让学生用他们自己的聪明才智，找到适当的方式，采取各种有效的方法，在实践中解决问题，有刺激类语言使用的体验，提高语文能力，提升语文素质"[①]。新课程改革中的"活动"主要包括三方面：阅读与欣赏、表现与沟通、整理与探索。而作业则是要学生结合这三方面来解决所设定的题目。语文学习任务是以能力为导向的语言活动，其实质是在现实生活中使用语言。语文学习任

---

① 吴奇．于漪：抓住四字法则，激发学生的学习兴趣[EB/OL]．澎湃号，2022-10-11.

务的设计包括：学生想要做什么（语文的事），要做成什么（结果导向），用什么做（语言知识），跟谁做（交流构建），什么时候，什么地方做（真实情境），做了有何用（素养发展）。

6. 做好教学目的的准备

每位教师都是品质监督员。在学习教学之前，教师应该"学会评估，然后学习如何去做"[①]。教师在课堂上所使用的形成性评估，更多是为了帮助学生及时发现问题，以便及时解决，而不是为了给学生一种压迫感，使学生产生恐惧心理。因此，教师在课堂上使用的评价，应该以问题的解决为导向，而不是以教师的评价为导向。这就要求教师在教学过程中，要把教学的目标、教学的流程提前做好设计和规划，然后按照规划好的流程来进行。如果不按这个流程来进行，教师们很可能会感到无所适从。

比如"堂堂清，堂堂固"，就是一节40分钟的课，教师先讲35分钟，然后让学生做练习，这样的话，教师往往会觉得他们教的东西，很多学生都没有学到，而下课的时候，却还没有讲完。针对这个问题，教师可以制定3~5个目标，根据目标将40分钟分成3~5段，每一段都制定一个教学目标，体现教、学、评的一致。也就是在教学和评价的基础上，了解学情并据此判断至少有2/3的学生达到了教学目的，以此类推，教学、

---

① 陈冬. 让学生从"学会"走向"会学"［J］. 小作家选刊（教学交流），2018（08X）：31-31.

学习、评价、共享着目标，一步一步地抓落实，这样才能完成深度学习的核心诉求。

第二节　为什么开展高中语文深度学习

一、高考评价制度改革的呼唤

（一）高考评价制度的变化趋势

近几年，随着我国高校招生考试体制的不断健全，高校评价制度也在不断地进行改革与完善。这一变化，不仅是对考试内容的调整，而且对整个高中教育改革的进程产生了深远的影响。[1] 这一系列的转变，既是教育观念上的进步，也顺应了当今社会对人才的需要。近年来，我国的大学招生工作评价制度越来越重视对学生综合素质、个性发展。以往的评价侧重于对学生的基本知识的掌握，到如今更注重对学生的创新精神、动手能力和团队协作能力的培养。这种评价制度的目的是充分发挥学生的潜力，促进其全面发展。随着教育理念的不断革新，教育部教育考试院在《立德树人 服务选才 引导教学——党的十八大以来高考内容改革进展及成效》中提出，目前的高考已

---

[1] 韩亚菲. 新中国成立70年我国高校招生制度的改革与发展［J］. 北京教育（高教版），2019（10）：4.

从能力立意走向素养导向、从单一评价走向多维评价，形成了具有中国特色的考试评价范式。这一变革反映出教育领域对于创新人才培养模式的深入思考，旨在更加精准地满足不同学生的成长需求。

1. 重视"以人为本"的理念

高考作为选拔性考试，其核心目的是考查学生的综合素质和能力。《中国高考评价体系》将高考命题细分为核心价值、学科素养、关键能力和必备知识四个层面。其中，关键能力和必备知识在教材中有着明确的学习提示和单元学习任务，它们是复习过程中的关键抓手。教师和学生需要深入理解这些知识和能力的具体含义，通过系统的梳理和实践练习，确保学生能够在高考中展现出自己的最高水平。

2. 重视"篇性特征"

随着新高考全国卷的推出，其最大的特点在于因文设题，显示出了一种"反套路"的倾向。这种出题方式要求考生对文本进行个性化鉴赏，这就要求学生在备考过程中，不仅要熟悉各种文体的特征，还要敏锐地感受到不同文本形式的独特性。无论是通过探究特定的文体特征来确定题目，还是通过研究文章的特殊写法或是风格来设计问题，都要求学生能够从多个角度去解读文本，从而更好地把握文章的内在逻辑和思想内涵。

3. 重视"文本对读"

在新课标的指导下，群文阅读被视为实践任务群学习的一个重要手段。高考同样倾向于扩展群文的阅读范围，这意味着学生需要在单篇阅读的基础上，进一步提升阅读群文的能力。① 在面对一组相互关联的文本时，学生应该学会辨别同一主题或情境下文本间的异同，分析这些文本如何体现出相同或相异之处。这样的训练有助于学生建立起对文本深层意义的认识，提高他们的思维深度和广度。

通过这样的转变，笔者期待看到越来越多具有创新精神和实践能力的学生脱颖而出，为他们的未来铺平道路。我国在高考改革的过程中，无疑是在追求更加科学、合理的评价机制，力求通过教育评价的创新，推动我国教育事业向着更加公平、高效的方向前进。

（二）深度学习对高考评价的适应性

深度学习作为一种新的学习理念和方法，近几年得到了越来越多的关注。它不仅是对传统教学方式的升级，同时也是一种深度思考与探究，旨在使学生更加深刻地理解知识，并将其转化为个体的能力与素质。这种教学模式与当前我国高考制度改革倡导的"以全面培养学生综合素质"为目标②，更好地适应学生相匹配，所以笔者认为其适应性的特点如下：

---

① 周秀萍．"新课标"背景下高中语文群文阅读的实践探讨［J］．读天下（综合），2020（33）：1．
② 中共中央 国务院．中共中央 国务院印发《深化新时代教育评价改革总体方案》［EB/OL］．中国政府网，2020-10-13．

1. 深度学习帮助学生能力提升

在这一过程中,学生要不断地探索新的知识,构建自己的知识体系与认知结构,深化对课程内容的理解。在此基础上,学生通过有效的学习,能迅速适应社会的变化,提升个人综合素质。

在教学中,教师要让学生学会应用和创新。由于深度学习本身就是一种独立思考的过程,因此,它可以使学生在学习的过程中不断解决实践中的问题。在这个过程中,学生不仅能够把所学的理论知识运用到实际工作中去,而且从长远来看,培育良好的思辨方式也能够帮助学生在未来的学习生活中进行多元化发展。所以,未来的高考改革,不仅要考查学生对知识的认识,而且要让学生在学习中学会创新、学会解决问题。而深度学习则是一个强有力的支持工具,形成"以能力为导向"的学习过程。[1]

2. 深度学习促进学生动手能力提高

深度学习可以激励学生把所学知识运用到现实生活中,从而实现内化与迁移。通过实践,既能培养学生的动手能力,又能培养学生的团队精神与社会责任感。这种以实践为导向的学习方式,可以让学生更加灵活有效地处理各种复杂问题,从而提高他们未来的学习能力。同时,通过实际操作,让学生对所

---

[1] 中共中央 国务院. 中共中央 国务院印发《深化新时代教育评价改革总体方案》[EB/OL]. 中国政府网,2020-10-13.

学知识的意义有了更深的理解，并且能够把学到的东西运用到实际生活中去。

在高考命题中，阅读理解题所占的比例很大。这一类型的提问通常是学生在阅读之后，通过对文本内容的分析、归纳等来完成的。另外，在阅读中也有很多的写作题目，这些题目都是需要学生根据自己原有的知识完成的，所以，在教学过程中，必须对所学的内容有更深刻的了解和把握，才能实现目标。由此可以看到，学生能够在实践中了解、掌握所学的知识，并把它们运用到实践中，在这样有目的的学习中，学生能够更好地培养自己的动手能力和解决实际问题的能力。

3. 深度学习推动自主学习能力提高

深度学习对学生提出了更高的要求，激励着学生在学习中对自己提出更高的要求。在学习方式改革的同时，教师们也将项目式学习、翻转课堂等新的教学观念引入教育实践中，这大大丰富了学生的学习经验，增强了他们的实际问题解决能力。在此基础上，教师在课堂教学中运用多种教学方法，培养了学生的自学能力。例如，在高中语文的学习中，学生利用深度学习的方式，对文本内容进行分析，进一步解决了思考中的问题和学习中的困惑；或者在习作的过程中发现了自己的问题，通过自主学习的方式进行解决。在此过程中，他们的语文理解能力、分析能力都会有很大的提高。所以，利用深度学习的方法能够促进学生综合性能力的发展。同时，因为语文知识往往与其他知识有一个深度融合的过程，所以在深度学习的过程中可以引入其他学科的知识分析问题，帮助学生解决学习过程中的不足之处。

透过深度学习，学生可以在学习生活中发挥自我价值。同时，学生利用现代化的技术能够更加明确发展学习中的问题，搜集更多信息来完善自己的思维过程，所以深度学习已逐步成为一种新的教育模式，可以促进语文学习的深度发展。

（三）高考评价对深度学习的具体导向

高考评价体系自设立以来，就承担着培育学生深厚语文素养的重任，它不仅是衡量学生学习成绩的基础工具，还是一种引导学生深度学习、培养学生综合素养的重要手段。

1. 时代发展的引领性

随着时代的发展，高考评价体系在不断地演进和完善，其对于高中生语文深度学习的影响越发显著，高考将更加重视学生全面素质的考查。在评估学生的过程中，不仅要关注他们对知识的掌握程度，还要考量他们的创新思维、实践操作能力以及团队协作能力。这样的评估方式不仅有利于全面了解学生的学习状态，而且能够促进学生综合素质的提升，为学生提供一个更为广阔的学习平台，让他们在多元化学习的环境中获得成长。今后，我国高校招生考试评价制度必将向多元化方向发展。同时，在部分学校招生改革的过程中，纷纷采取了面试+考核的方式，这也就意味着在未来的社会生活和知识深造的过程中都需要学生具有强大的语言能力基础。在深度学习的模式下，它能有效地调动学生的学习兴趣，提高学生的学习积极性，促进学生在探究性学习中对知识进行更深层次的挖掘，进而实现深度学习。

2. 理论与实践融合的引导性

在当今的教育大背景下，高校对学生的要求不仅是掌握部分知识，同时对社会的发展而言更需要具有灵活性思维的人才，所以深度学习给高中学生的全面发展带来了新的契机。通过对课程内容的深度挖掘，使学生对所学的知识有更深层次的了解与把握，从而增强对复杂问题的解决能力。这样既可以加深对知识的理解，又可以让学生理论联系实际，培养他们的创造性思考能力。

所以在深度学习的过程中，推进理论教学与实践教学深度融合，就是要防止理论教学与实践教学相脱节，出现"两张皮"现象，解决理论脱离实际问题，真正做到理论联系实际。理论教学时运用实践案例，实践教学时有理论支撑，把实践经验总结上升为理论，在理论指导下深化实践，构建"思想—体验—情境—生活—内容—反思"的理论教学与实践教学相融合的结构，完成课程体系、教材体系、教学体系和评价体系。

综上所述，高中语文深度学习可以帮助学生从单调乏味的背诵和重复中解脱出来，运用探究和创新，最大限度地发挥个体的潜力。

二、高中语文教学质量的提高

（一）高中语文教学的常态性问题分析

在当前的教育环境下，高中语文教学领域正面临着一系列亟须解决的挑战，这些挑战不仅关系到教师专业水平和教学质量的提升，也直接影响学生学习效率的提高。笔者旨在对这些问题进行深入的分析与探讨，以期为教育改革提供有价值的参考。

1. 教学内容简单

在长期的教育实践中，笔者不难发现，高中的语文课堂常常将课本视为教学活动的重心。这种倾向导致教学内容过于依赖教科书，而忽略了更加多元和生动的教学材料。由此产生的结果是，语文学习内容变得越来越枯燥乏味，呈现出一种机械化和模板化的特点，限制着学生理解和吸收知识的能力。这样的做法不仅局限了学生的知识范畴，而且与当前社会对人才培养的需求——鼓励多样性和创新性——背道而驰。学生被迫沉浸在一个标准化和格式化的学习环境之中，无法自由探索文学作品的多样性，也难以从不同作者的视角中获取灵感。这种固定框架的学习模式极大地消减了他们对学习的热情，同时也削弱了他们的学习动机和效率。当学生被困于固定的认知边界时，他们往往感到挫败，缺乏自我提升和超越的动力。为了适应新时代的要求，高中语文教学亟须打破传统束缚，拓展教学的深度与广度，引入更多富有启发性和互动性的教学材料，以激发学生的学习兴趣和创造力。

2. 教学方法落后

在当今教育领域，虽然创新和个性化教学的呼声日益高涨，但仍有不少高中语文教师固守着陈旧的教学理念，特别是那种被普遍认为效率低下的"填鸭式"教学方法。在这种教学方式下，教师成了知识传递的唯一渠道，他们日复一日地重复讲解课本中的文字和理论，而学生们则像机器一样被动地接收这些信息。在这种环境中，学生的探索欲望和自由发展的空间往往被忽视，不再是学习的主体，而是知识的容器。教师在课堂上滔滔不绝地灌输，却很少考虑如何激发学生内在的潜能和兴趣。这种做法不仅限制了学生思维能力的发展，也阻碍了他们对语文这门学科深层次理解的追求。在这样的课堂教育中，学生的创造力和自主学习能力得不到应有的重视和培养，更缺乏解决复杂问题的能力。

3. 课程缺乏创新

在当今快速变化的社会中，中学生对于高中语文知识的掌握与应用需求日益增长。然而，目前的高中语文课程教育仍然存在着一些局限性，如教学内容和方法上缺乏足够的创新与活力，这不仅与国家对人才的需求不相匹配，还难以满足学生对新知识的渴望和探索精神。① 在这样的情况下教师需要意识到，传统的以知识传授为主的教学方法已经难以完全满足学生的个性化学习需求。在实践教学中应该引入多样化的教学策略、方法，如跨学科教学、翻转课堂等，在这个过程中注重帮助学生解决学习问题，提升综合素养，这些新型教学方法能够激发学生的主动性和创造性思维。同时，利用现代信息技术来辅助教学也是不可或缺的，这样可以丰富教学手段，提高教学效果，使学生能够在互动和体验中深入理解文本，培养批判性思维和创新技能。通过这样的课堂改革方式，不仅可以提升学生的语文素养，还能为他们适应未来学习生活打下坚实的基础。

4. 学生素养参差

在现实中的教育场景里，学生因为各自迥异的家庭背景、不同的学习基础以及他们对语文学习的兴趣爱好大相径庭，这导致他们在语言素质方面形成了显著的差异。这些差异不仅体现在词汇量、语法掌握、用语准确等基本技能上，还表现在阅读理解能力、写作技巧和口语表达等更为复杂的语言运用层面。教师面临着这样的挑战，不得不在制订有针对性的教学计划时，深思熟虑地考量所有学生的具体情况，避免采用"一刀切"的方法来应对不同学生的需求。

所以在实践中，笔者认为需要利用深度教学的方式和方法

---

① 向仕俊. 小组合作在高中语文写作教学中的应用研究 [J]. 教育科学（全文版），2017（1）：186.

促进高中语文教育教学改革。教育工作者应跳出传统教学模式的束缚，不断探索和尝试更具创新性和互动性的教学方法。同时，也要加强师资培训，提升教师的专业素养和更新教学方法。只有这样，才能真正实现教育的本质目的——培养学生的综合素质，帮助他们在未来的生活中发挥出最大的潜能。

(二) 深度学习对语文教学质量的提升

深度学习是一种新兴的学习思想与方法，它要求学生能够更好地理解并运用学到的知识。这对提高高中语文课堂教学水平有着积极的作用。具体而言，深度学习的作用如下：

1. 充实教学内容

深度学习注重知识的深刻理解和挖掘。这就要求教师在教学过程中，不仅要讲解教材内容，还要引导学生对文本进行深入的分析和解读。例如，可以从语言、结构、主题三个维度切入，深入剖析作品的内涵，从而加深学生对作品的认识和理解。此外，教师还可以引入相关的历史文化背景知识，指导学生多角度解读课文，以开阔学生的知识视野和拓宽其思维方式。

2. 教学法的革新

深度学习强调学生的主体地位和作用。在深度学习的活动中，开展团队合作学习以及提升沟通交流能力也是重要的一环。[1] 因此，教师必须摒弃传统的"填鸭式"教学方式，采用

---

[1] 赵文娟，刘晓莉. 任务群视域下的高中语文项目学习实践与反思[J]. 教书育人，2021 (17)：75-77.

更多元化的方法来激发学生的学习兴趣和积极性。例如，可以采用"合作学习"模式，让学生通过小组讨论交流观点和思考成果；也可以尝试专题教学法，让学生在实践中掌握语言知识；教师还可以让学生利用 AI 技术、大数据、网络教学平台等现代信息技术手段，制作一些古人的肖像，分析其背景以及特点等，增强课堂的趣味性和互动性。

3. 改进考核机制

深度学习注重对学生综合能力的评估。这就要求教师在教学过程中，转变单一的以笔试为主的考核方式，实施对学生语文素质和能力的全面评价。可以在传统笔试的基础上，增加口试、面试和作品展示等多种形式，以全方位地考查学生的听、说、读、写能力，促进思维和素养的进一步发展。同时，还可以采用自评、互评等方式，引导学生进行自我反思和相互学习，帮助学生在开展团队合作的同时，积极向他人汲取学习经验，提升评价的主体性。

4. 实施个别化教学

深度学习强调的是因材施教、个性化发展，这就需要教师把每一个学生的个人差异和学习需要都放在心上，给予他们有针对性的引导与支撑。[1] 在教学过程中，可以采取差别化的教学方案，提供个性化的辅导材料，设置分级的作业要求，以适

---

[1] 周先荣，姜正川.学研课堂的基本特点及其对教学创新的启示［J］.教育观察，2016（12）：2.

应不同学生的学习需要与发展程度。与此同时，教师也可以针对学生的兴趣与特长，组织朗诵比赛、写作竞赛等拓展性的语文学习活动，以促进学生的学习兴趣，促进他们的专业发展。

基于深度学习的新方法，通过对教学内容的丰富、教学方式的创新、评价机制的完善、个性化教学的实施与运用，教师可以针对高中语文教学中出现的常态问题进行改进，促进学生的综合能力发展，推动课堂进一步改革。

三、新时代学习过程的深度化

进入 21 世纪后，教育领域发生了翻天覆地的变化。课程改革是其中的一项重要内容，它的推行对于促进学生学习过程的深度化具有关键作用。新一轮的课程改革，其核心理念是"以人为本"、培养学生的"实践能力"和"创造性"。[①]

（一）课程改革的推进

重视新课程标准的实施和评价体系的改革。新课改要求建立更加完善的课程标准，以适应社会对人才需求的变化。该标准包括课程性质、课程理念、课程目标、课程内容、实施建议等。通过建立完善的评价体系，促进教师对于教育教学目标及学生学习过程的关注，从而提高教学质量，促进学生全面而均衡发展。

---

① 李卫红. 坚持以人为本 加快教育发展［N］. 中国教育报，2006-01-17.

1. 实现"以人为本"的发展要求

"以人为本"这一教育理念，深刻体现了教育的核心价值——关注个体成长和发展。它倡导教育工作者应当以学生的实际需求为导向，将学生利益置于首位，作为一切教育工作的根本出发点与最终落脚点。这种理念要求教师不仅要在知识传授上下功夫，还要在激发学生的潜能、促进其思维发展、提高综合素质等方面下功夫。

具体而言，"以人为本"意味着教师尊重每一位学生在教育过程中的主体性，认识到每个学生都是独一无二的个体，有着自己独特的思维和学习方式。教师在教学活动的安排中应深入了解这些个性特点，并据此制定个性化的教育策略，促进学生进行深度的思考，进一步培养学生全面的素养，培育学生思维的多样性。在深度学习的背景下，要结合现代社会发展的特点，融合需要的交流能力和协作能力发展等，使学生具备在发展过程中的相应领导力和创造性解决问题的能力。这样的支持过程，才能帮助学生找到适合自己的教育机会，充分发挥他们的潜力，使他们成为对社会有贡献的人才。

所以在新课改的过程中，我们要以"以人为本"的理念为指导，不断探索和创新教育方法，培养出更多具有独立思考能力和创新精神的未来人才。

2. 突出学生的实践能力和创造能力

在当今这个高速发展的时代，随着信息技术的日新月异和知识的爆炸性增长，传统的教育模式已经难以完全适应培养未来人才的需要。为了应对这一挑战，新一轮的课程改革着重于提升学生的实践能力和创新精神。

当前社会正面临着前所未有的变革，对人才提出了更高的要求，仅通过书本上的文字知识，已经不足以解答复杂多变的社会问题。因此，课程改革应运而生，旨在通过多样化的教学方法，激发学生们的学习热情，引导他们在探索中发现真理。

新课改采纳了实践课程和探究式学习等现代教育理念，强调学生在真实情境下应用所学知识。单元整体学习法、跨学科学习以及大概念学习等方法在新课改的过程中被提出，在这样的深度教育推进下，学生能够建立起更加全面的知识体系。这些方式不仅使学生深入理解知识点，更重要的是，它们还教会了学生如何把理论与实际相结合，如何将知识应用于解决日常生活中的具体问题，从而培养他们的实践能力和解决问题的能力。

在这种学习氛围中，学生由单纯、被动地接受知识，转变为积极探索知识的源头。学生在实际操作中学会观察、分析、思考、凝练、解决这些核心问题。

3. 注重多元化视角培养

在不断加速的全球化浪潮中，知识的交叉与融合已成为一种必然趋势。这不仅是教育领域的革新，还是时代发展的要求。新课改正积极探索如何打破学科壁垒，鼓励学生在实践中学习和应用多学科知识，从而提高他们解决实际问题的能力。

通过这种方式，教育不仅能够提供一个平台，让学生在面对复杂多变的社会现象时能有足够的准备和洞察力，还能够激发他们对国际事务的兴趣和理解。

在新课程体系下，教师被鼓励采用多元化的教学方法，如案例研究、项目驱动学习和团队合作等，这些都有助于学生从不同角度分析问题。同时，课堂内容也将围绕社会热点、全球议题和社会变迁进行设计，使学生能够站在全球化的高度审视和思考问题。这样的教育模式不仅开阔了学生的视野，还为他们将来参与全球竞争打下了坚实基础。

注重多元化视角培养是现代教育的重要方向，在这个过程中学生不仅能够提升综合素质，还能够为未来的学习奠定坚实的基础。因此，教育工作者应当不遗余力地推动这种转变，确保每一个学生都能在开放和多元的环境中茁壮成长。

(二) 信息技术的运用

在当今这个信息爆炸的时代，信息技术的发展速度之快、影响范围之广，几乎已经渗透到了社会生活的各个方面。特别是在教育领域，信息技术带来的变革尤为显著。随着互联网和移动技术的飞速进步，我们见证了一个全新的学习时代的到来。在新时代的教学改革过程中，信息化教学正逐步改变人们对学习的认识和体验。

1. 实现教学资源的共享

在传统的教育体系中，获取优质教学资源往往需要依赖于特定的教育机构或教师个人。然而，在信息化时代，情况发生了翻天覆地的变化。借助先进的网络技术和云计算技术，任何人都可以轻松地访问和分享海量的教学资源。[①] 这些资源涵盖了从教科书到在线课程、从学术论文到实验数据等各个方面，构建起了一个庞大的教育资源库。学生和教师不再受限于地理位置，随时随地都能通过各种平台搜索到所需的教学资源，极大地拓宽了他们学习的边界。这种资源的共享，不仅使得课堂教学内容更加丰富多彩，也为提高教学的效果和质量提供了有力支持。

2. 关注多元化教学方法

在过去，教学方法往往受到传统课堂结构的限制，如黑板、粉笔和纸质书本构成的简单组合。但在信息化浪潮的影响下，教学方法正在经历一场深刻的革命。多媒体技术的应用，让教学内容变得更加直观和形象，有效弥补了课堂上可能存在的信息传递的不足。虚拟现实技术的应用将现实世界与虚拟环境相结合，为学生提供了一个虚拟的情景，帮助学生理解教学中的实践内容和场景。人工智能技术等能够再现课文中的情景和场景，可以有效地推动更加贴近现代化生活的情景在线，同时也可以为学生提供个性化的学习过程，帮助分析学生的学习行为和偏好，提供定制化的辅导和推荐，满足不同学生的个性化需求。

[①] 范丽丽. 浅谈信息技术课程教学［J］. 吉林教育，2015（5）：34.

3. 发挥学习效果的补偿评估

在信息化时代，学习效果可以通过在线考试和学习分析等多种手段进行实时监控。在线考试不仅可以减少传统考试中的人为误差，还能够及时反馈学生的学习成果；学习分析工具则可以收集和分析学生的学习数据，帮助教师更准确地了解学生的学习状态和需求，进而提供个性化的学习指导。这些评价方法不仅有助于教师调整教学策略，更重要的是，它们还鼓励学生自主学习，培养了他们自我评估和自我提升的能力。

信息化给教育领域带来了前所未有的机遇和挑战。它不仅促进了教学资源的广泛共享，推动了教学方法的创新，还为学生的学习效果提供了科学、有效的评估体系。随着信息技术的不断发展和完善，未来的教育模式无疑将更加开放、灵活和高效。教育者也应积极拥抱这一变革，共同迎接一个更加智慧和多彩的学习新时代。

（三）学生思维的发展

学习过程的深度化不仅关注知识的获取，还注重学生思维能力的培养。在新时代背景下，培养学生的创造性思维能力成为重要的教育目标。为此，教师们需要积极探索新的教学模式和方法来促进学生的思维发展。

1. 帮助形成批判性思维

批判性思维的培养能够使学生具备批判性的思考习惯，而非盲目地接受信息。这种习惯对于学生的长远发展至关重要，因为它使他们能够在面对复杂问题时，提出合理的质疑并进行有根据的分析。通过引导学生在学习过程中积极参与讨论、分析案例，教师可以帮助学生建立起对所学知识的深刻理解和批判性评价。辩论式学习和案例分析的运用，能够激发学生的学习兴趣，提高他们的参与度，进而促进思维的深度和广度。

2. 拓展学生的创造力

利用现代科技，为学生创造一种崭新的学习情境，使其在实践与探究中获得新的可能。在教学过程中，教师可以利用多媒体、网络技术、游戏化学习等现代技术，把传统课堂上的某些知识具象化、具体化，让学生在探索和探讨中获得新的认识。

为了充分调动学生的学习积极性，提高他们的学习能力，在教学过程中，教师应充分运用多媒体、网络等手段，使教学内容更加充实。比如，教师可以使用虚拟现实（VR）技术，使学生在课堂上有一种身临其境的感觉；还可以利用游戏式的学习平台，让学生阅读《三国演义》《水浒传》等经典作品来理解其中的内容，从而提高学生的思考能力。在这个过程中，能够充分有效地拓展学生的思路，增强他们的分析与解决问题的能力。

3. 发展学生综合性思维

通过跨学科的整合，不同学科的知识与方法可以相互渗透、相辅相成，从而提高学生的整体素质和综合能力。① 例如，语文与历史学科的结合可以让学生在阅读和分析文本时，从更宽广的视角理解历史事件；语文与科学课程的交叉可以帮助学生认识到自然界的复杂性和多样性。这样的教学设计不仅增加了课堂的趣味性和互动性，还有助于学生从多个维度去思考问题和寻找答案，从而培养出具有综合性思维的个体。

四、学生学习方式的结构变化

(一) 学生学习方式的变化趋势

在 21 世纪科学技术日新月异的背景下，学生的学习方式正在经历前所未有的变革。这种变化在语文课程上体现得尤为突出，不仅反映了对学生全面发展的高度关注，还彰显了对学生核心素养的深入理解。

1. 改变被动学习的状态

过去，学生在课堂学习中主要靠听教师的讲解、死记硬背。但是，这样的教学模式已经不能适应现代社会对人才的要求。现代社会迫切需要具有创新精神、实践能力和终身学习能力的高素质人才，而"被动接受"的传统教学方法明显背离了教育改革的理念，所以，对高中学生学习方法进行改革是十分必要的。在这样的背景下，学生的学习风格也出现了明显的改

---

① 张玉华. 核心素养视域下跨学科学习的内涵认识与实践路径[J]. 上海教育科研，2022（5）：57-63.

变,从被动接受到主动探究。随着时代的进步,学生已经不能满足于只从教师那里获得知识了,他们应更加主动地投入学习的过程中,通过自主探索和合作交流来获得知识。在语文教学过程中,教师采用主动探究式的学习方法,可以帮助学生加深对文本的理解,提高阅读能力,进一步帮助学生提高思维能力。

2. 提升自主化学习的可能性

为使学生能够自主地进行研究性学习,各种新型学习工具与环境应运而生。例如,学生可以利用互联网开展在线学习,利用搜索引擎查找相关资料,利用网络课程和微课等学习资源进行深入学习。此外,各类学习应用软件也为学生提供了更为便捷的学习方式。这些新型学习工具与环境不仅使学生拥有丰富的学习资源,还使他们能够根据自己的兴趣和需求进行个性化学习。

3. 突出教学环境的改变

随着教学手段和教学环境的不断革新,学生的学习方式也呈现出多样化、个性化的发展趋势。在传统的学习模式下,学生只能按照固定的课程安排进行学习,难以获得个性化的学习体验。而如今,学生可以根据自己的兴趣和需求自主选择学习方法和资源,实现个性化学习。这一变革为学生提供了更多的学习选择和自由度。

4. 提升语文课程覆盖面

在语文教学中,学生学习方式的多样化和个性化显得尤为重要。语文教学作为一门人文学科，涉及广泛的文化和历史背景。不同类型的文学作品和文化现象具有独特的趣味和解读方式。因此，语文学习应该是一种个体化的学习过程，每个学生都应该有机会根据自己的兴趣和需求进行深入的探索和学习。在教学过程中，教师应鼓励学生进行自主探索、合作学习，并给予必要的引导和帮助；同时，教师要关注学生在学习过程中的差异性，尊重他们的个体需求，为他们提供有针对性的学习资源和指导建议。

这一转变趋势既是教育改革的方向，也是对人才需求的响应。在语文教学过程中，从被动接受到主动探索、从单一到多样化，个性化的转变对于提升学生的语文核心素养和整体素质具有重要意义，也为他们未来的发展奠定了坚实的基础。

（二）深度学习对学习方式的要求

在语文教学中运用深度学习是非常重要的。这既关系到学生对基础知识和技巧的掌握，又关系到对语篇、文本内容的深刻认识，以及形成自己的见解。所以，笔者结合深度学习的要求将其拓展为语文学科核心知识、批判性思维解决复杂问题能力、团队协作能力、有效沟通能力、学会学习能力和学习毅力等。

第一，深度学习强调的是学生应拥有批判性思维。在传统的教学方式中，学生往往只是被动地接受知识，而缺乏独立思考和提出问题的能力。然而，深度学习的理念要求学生对文章进行深度的剖析与评价，不仅要理解作者的观点与意图，而且要能够形成自己的见解。它要求学生在不断地质疑、比较、归纳、推理中，深入探究文章内涵，从而形成独立的思考。在语文教学中，对学生进行批判性思维训练，不仅有助于提升他们的阅读技能，而且可以锻炼他们的思维品质，提高独立思考和解决问题的能力。

第二，深度学习注重知识的整合与应用。语文教学不仅要向学生传授语言知识，更要培养他们综合运用知识的能力。深度学习鼓励学生将所学的语言知识与其他学科的知识相结合，形成跨学科的知识体系。语文作为一门综合性课程，与其他学科之间存在着紧密的联系。在学习过程中，学生应主动地将语言知识与其他学科知识相融合，以便更全面、更深入地理解语言。同时，深度学习还强调将所学知识应用于实践，通过解决实际问题来巩固和深化对知识的理解。这种知识的整合与应用，既能够提升学生的综合素养，又能够让学生在学习过程中感受到知识的力量与魅力。

第三，深度学习倡导合作与交流的学习方式。在传统的课堂教学中，学生往往处于孤立的学习状态，缺乏与他人的沟通与协作。然而，深度学习需要学生之间互相合作、共同解决问题，并分享彼此的思维成果。合作与交流的学习方式，不仅可以培养学生的团队合作意识，还能够激发他们在学习过程中的相互启发和激励，从而提高学习效果。同时，在与他人进行沟通和分享观点的过程中，学生也能够更清晰地表达自己的思想和看法，提升自己的口头和书面表达能力。

第四，深度学习需要教师帮助学生搭建教学平台。教师应主动引导学生进行批判性思维的训练，培养他们独立思考和提出问题的能力。同时，教师还应设计具有挑战性和开放性的问题，激发学生的思维活力，促进他们的思考深度。此外，还可以通过组织跨学科的学习活动，帮助学生整合和运用知识，提升他们的综合素养。另外，为学生搭建合作与交流的平台也是必不可少的环节，这有助于学生之间相互帮助和协作精神的培养。同时，教师还应关注学生的学习过程和体验。教师应适时地给予学生指导和反馈，帮助他们更好地适应深度学习的需求并提高学习效果。并且，教师还应注重培养学生自主学习的能力，教会他们掌握有效的学习方法和策略以应对未来的学习挑战。

第五，深度学习也要求学生具备坚韧不拔的毅力。在面对复杂的问题和挑战时，学生需要保持持之以恒的学习态度并不断探索和尝试直至找到解决问题的途径，以不断提升自己的能力和水平。

深度学习对学生的学习方式提出了全新的要求并涉及多个方面能力的培养与提升。将深度学习的理念应用于语文教学中可以帮助学生提升核心语言素养并促进他们全面发展，为未来的学习和生活奠定坚实的基础。因此，将深度学习的思想与方法应用于语文教学是十分必要且有益的举措。

第二章

高中语文深度学习的教学设计

第一节 什么是高中语文深度学习的教学设计

一、高中语文深度学习设计的四个要素

在新课程改革的推动下，学生学习观念的转变，使深度学习在高中语文教学中得到了越来越广泛的应用。深度学习注重对知识的深刻理解与运用，既要掌握基本的知识与技巧，又要对文本的含义有深刻的认识，并有自己的独到见解。为此，本节提出了基于深度学习的高中语文深度学习教学模式，即聚焦浸入式学习、真实发展区域、精准搜寻问题、运用正向反馈。

（一）聚焦浸入式学习

深度学习是一种极具革新意义的教育思想，它已逐渐渗透到高中语文课堂的各个方面。其中，聚焦浸入式学习是深度学习成功的一个重要先决条件。在高中语文课程中，不仅要掌握

基本的知识，还要培养学生的思维品质和人文素养。所以，要让学生全身心地投入语文学习，与课文进行深度的对话，去体会语文的深刻内涵和特有魅力。

1. 创设教育环境

要达到专心致志的浸入式学习，必须从教师的细心指导和创设环境着手。教师要努力创造一个让学生深入参与的学习氛围，这既要安排好教室的物理环境，例如，安静的课堂、充足的学习资源等，也要注意营造和谐的师生关系。在这种氛围下，学生可以抛开一切烦恼，专注于自己的学习。

2. 构建良好兴趣

要达到"专注沉浸学习"的目的，帮助学生构建良好的学习兴趣是重要路径。兴趣是最好的教师，让学生对所学知识有浓厚的兴趣，他们就会心甘情愿地把自己的时间、精力投入学习。[1] 所以，在教学中，教师要灵活地采用情境创设、问题导向、小组合作等多种教学方式，提高学生的学习兴趣与探索愿望。与此同时，教师也可以通过讲高中语文课本中涉及的趣闻、轶事，运用现代化的语言表达运用方式，展示语文知识的拓展空间，使学生在语文学习中体会到快乐与价值，提高他们的学习积极性。

---

[1] 陈静燕. 兴趣激发 引领学生深度学习 [J]. 新课程：综合版，2019（7）：1.

3. 加强方法指导

正确的方法是学好语文的关键，只要掌握好良好的学习方法，就能达到事半功倍的效果。所以在深度学习的过程中十分注重"学会学习的能力"[①]。在语文学习活动中，表现深度的学习过程，可以体现在阅读策略上，教师针对不同的语篇类型及目标，采取如略读、精读、泛读等，帮助学生对资料和知识进行搜寻，帮助学生构建学习基础；教师也可指导学生利用思维导图等工具帮助学生建立知识脉络，梳理阅读中的知识点内容，帮助学生加深对知识的理解与记忆，掌握并应用学习方法，可以帮助学生更有效地进行深度学习。

4. 提升专注投入

为使学生在专心投入的学习中获得更大的成功与快乐，教师应设计富有挑战性、有趣的学习任务。设计的作业要符合学生目前的学习能力，但要有一定的难度，要有一定的挑战性，这样才能激起学生的好奇心和好胜心。比如，我们可以通过开展开放式主题的讨论、创造性的写作任务、跨学科的综合实践活动，使学生体验到语文学习的魅力与价值。与此同时，教师也能对学生进行及时的反馈与评估，使其对自己的学习进度与成绩有一个直观的认识，进而提高其自信心，增强其学习动机。

专注沉浸学习是高中语文教学中进行深度学习的一个重要

---

① 贾绪计，王泉泉，林崇德. "学会学习"素养的内涵与评价［J］. 北京师范大学学报（社会科学版），2018（1）：7.

先决条件。在教学中，教师要努力创造一个好的学习环境，激发学生的学习兴趣和动力，指导学生掌握有效的学习方法，设计富有挑战性和趣味性的学习任务，让学生完全沉浸在学习中，与学习内容进行深入的交流，进而拓展到未来的学习活动之中。

（二）真实发展区域

"真实发展区域"是深度学习理念中的关键问题。它指的是学生当前知识水平与潜在能力之间广阔的空间，是每个人发展的关键区域。[1] 在深度学习的高中语文教学中，准确把握"真实发展区域"不仅影响学生的学习效率，还关乎其核心素养的培养与提升。

1. 调整学生的学习舒适区域

在实践学习生活中，学生都有独特的知识背景、兴趣爱好和学习方式。因此，教师应通过日常观察、作业分析、个别交流等多种途径，全面了解学生的学习状况和发展潜能，为他们量身定制合适的学习任务与活动。在明确了学生的真实发展领域后，教师应提供适当的帮助，并设置相应的挑战。这包括知识指导、技能培养、情感激励等多个方面。对于基础较弱的学生，可采取利用互联网、信息技术辅助他们学习，帮助他们补充背景知识和辅助材料，让他们在学习过程中夯实基础；针对学生的思维特点，教师应设计开放、富有挑战性的问题，以激

---

[1] 麻彦坤，叶浩生. 维果茨基最近发展区思想的当代发展 [J]. 心理发展与教育，2004, 20 (2)：5.

发学生的创造性思维。同时，教师要密切关注学生的学习进程，及时提供反馈与引导，帮助他们解决学习中遇到的问题与障碍。

2. 加强真实教学活动的设计

要让学生在真正的发展性领域中得到最大的发展，就需要教师对其进行合理的教学设计。课程内容要符合学生目前的实际水平，对挑战性强、探索性强的活动进行安排。比如，在教学中，教师可以根据学生的兴趣安排学习活动，拓宽学生的知识范围，帮助他们构建学习的阶梯，提高他们的思维能力；在此基础上，我们还可以开展多种形式的课堂讨论和争论，使学生在相互交流的过程中，培养语言表达和批判思维的能力。目标是使学生在真实的发展空间中得到最大的发展，从而获得深度学习的成果。

3. 鼓励学生探索未知领域

在学习的同时，也要鼓励学生去做一些自己不知道的事情。语文的学习不只是对已学东西的理解与记忆，还应包含对新知识的探索与发现。在教学过程中，应注重学生的好奇心、探究精神、勇于超越精神，提升思维能力的同时帮助他们解决学习中的问题。与此同时，为了培养学生的创造力和动手能力，在这个过程中教师也要给学生足够的时间和空间，让他们有足够的独立思考和探索的机会以解决好思维中的不足。当然，教师在这个过程中需要引导学生走在正确的道路上，解决未知领域的不足，促进综合素养培育。

4. 关注学生的个体发展

在教学过程中，教师应关注学生的个体差异和学习需求，提供适当的帮助和挑战；通过精心设计的学习任务和活动，使学生在真实的发展区域内获得最大发展；同时关注学生的学习情感和态度，以积极的引导方式带领他们走向深度学习之路。以此为基础，构建基于深度学习的高中语文教学模式，推动学生核心素养和综合素质的全面发展。此外，在教学过程中，教师还应关注学生的能力发展和情感培育的情况。

深度学习是一项极具挑战性的任务，学生难免会遇到挫折和困惑。教师要以宽容、理解的态度对待学生的不足和错误，并鼓励他们以积极的态度面对学习上的困难与挑战。通过积极的评价和鼓励，激发学生的学习热情和自信心，促进他们的全面发展。

（三）精准搜寻问题

精准搜寻问题是高中语文深度学习的关键能力。这不仅因为问题是学习的起点，而且其质量和深度将直接影响学习的效果。因此，在学习过程中，对学生发现问题、分析问题、解决问题等方面的训练至关重要。

1. 强化独立问题思考

要使学生在语文学习中精准地搜寻问题，首先需从思维习惯上进行引导。在传统的教学模式下，学生往往对已知知识和答案产生较强的依赖性，缺乏独立思考和质疑的能力。① 为此，我们需要打破传统的教学束缚，培养学生敢于提出问题、勇于向权威挑战的意识。这些问题和质疑并非基于无端的"怀疑"与"否定"，而是建立在事实和证据基础上的理性思考。以此为基础，引导学生在学习中主动发现问题、分析问题并寻求解决方案。

2. 促进学习方法改善

此外，教师还需教授学生一定的学习方法和技巧，以提高他们搜寻问题的能力。在这一过程中，文本细读和对比研究是两种极为常用的方法。文本细读要求学生深入理解文章的内在含义，关注细节，发掘其中隐含的信息和意义。通过这种方式，学生可以敏锐地捕捉到文章中的矛盾、歧义和不确定性，并提出自己的疑问。而对比研究则要求学生在阅读过程中对不同文本或同一文本的不同部分进行对比分析，找出它们之间的异同和联系。这种方法有助于学生发现文章间的关联和差异，从而引发更深入的问题思考。

在培养学生搜寻问题能力的过程中，教师还应通过多样化的学习活动加以实践。小组讨论和辩论是两种非常有效的学习方式。通过小组讨论，学生可以围绕某一主题进行深入交流和探讨，在倾听他人观点和看法的过程中，学生可能会发现自己

---

① 林植君. 高中学生语文学习习惯的培养［J］. 新作文（中小学教学研究），2019（11）：46.

之前忽略的问题和细节；而辩论则要求学生对某一特定议题或观点进行深入分析和阐述，这种活动形式不仅要求学生能够清晰地表达自己的见解和立场，还要关注对方的弱点和漏洞，并据此进行有针对性的质疑和反驳。

3. 推动学习问题求索

在深度学习中，精准搜寻问题还需与问题求解紧密结合。问题不仅是一个起点，还是一种驱动力，推动学习不断深入。[①]因此，教师不仅要指导学生如何发现问题，还要教会他们如何解决问题。这包括信息的搜集与整理、分析与推理、归纳与总结等步骤。通过将"搜寻"与"解决"有机结合，使学生在深度学习过程中不断获得新的认知和提升。

精准搜寻问题是高中语文深度学习的重要能力。在教学过程中，教师应从思维习惯、学习方法、教学活动组织等方面对学生进行全面指导和培养。只有这样，才能使学生在学习中真正做到发现问题、分析问题并解决问题，进而提升自身的核心素养和综合素质。

（四）运用正向反馈

正向积极的反馈是学生学习动机中的一个重要环节。拥有好的正向反馈才能够帮助学生构建良好的学习毅力，帮助学生持续推动学习活动。那么，积极的反馈是什么？怎样才能在中

---

① 陈玉胜. 以问题为驱动力，引领学生深度学习[J]. 数学学习与研究，2022（5）：41-43.

学语文课堂上充分发挥自己的独特功能？在实践中我们认为正向的反馈主要体现在以下三方面：（1）在学习过程中积极的评价和建议；（2）客观、公正地对待学生取得的成绩；（3）在学习的过程中能够充分了解自己的学习情况，找出在学习中存在的问题和缺点，实现良好的学习效果。其作用主要体现在下面两方面。

1. 正向反馈的价值

正向反馈在高中语文教学中具有特别重要的意义。语文课程兼具人文性与工具性，它不仅要求学生掌握基本的语言文字知识，还要求学生具备文学鉴赏、文化传承等核心素养。这不可避免地会给学生带来各种挑战与困难。在这种情况下，教师给予积极正向的反馈至关重要。它可以增强学生的自信心，激发学生的学习动力，让他们在遇到困难时能够保持乐观的态度，勇往直前。要实现正向反馈，教师需要关注学生的整个学习过程，从课前预习、课堂表现到课后作业，都要及时、具体地给予反馈。例如，在课堂上，教师可以从内容理解、逻辑思维、表达能力等方面对学生进行评价并提出建议；在写作过程中，教师应从立意、结构、语言等方面给予指导。通过这种反馈，学生可以清晰地认识到自己的优势与不足，从而更有针对性地进行后续学习。

2. 培育正确处理信息的能力

此外，教师还需要指导学生正确处理反馈信息。在教学过程中，教师要耐心引导，使学生充分认识到反馈信息的重要性，并从中汲取营养，不断完善自己。同时，教师也要运用多种激励方式，如表扬、鼓励等，让学生体验到成功的喜悦，从而更加热爱学习，愿意投入更多的时间和精力。正向反馈还具有促进学生全面发展的重要作用。在高中语文教学中，教师不仅要注重对学生知识、技能的传授，还要注重对学生学习能力和核心素养的培养，在这个过程中将其引申至思维培育的发展中。教师通过给予正向反馈，有助于学生形成正确的学习观和价值观，促进学生的自主学习和创新发展。这些素质和能力将伴随学生的终身成长和成就。

在高中语文教学中，正向反馈是深度学习的重要保障，在这个过程中教师的关注、指导与支持，以及学生的理解、接受与行动是相辅相成的。只有构建起良性的反馈机制，才能使深度学习得以真正实现，使学生的核心素养得到全面提升。

二、高中语文深度学习设计的五个步骤

（一）基于学习目标，设计教学整合

深度学习首先要明确学习的目标。在高中语文教学中，这一环节至关重要，它与学生核心素养的培养和提升紧密相关。在传统的语文教学中，教师往往更注重知识的灌输和应试技能

的培养，而忽视了对学生综合素养的培育。① 然而，基于深度学习的理念，教师需要对课程目标进行反思和调整，以便更好地满足学生的发展需求。

1. 建立培育核心素养的中心目标

在高中语文教学中，教师应确立以培养核心素养为中心的教学目标。这些核心素养主要包括：语言的构建和运用、思维的发展和提升、审美的鉴赏和创造，以及文化的理解和传承。这些能力的培养不仅有助于提升学生的语文水平，还能促进他们的全面发展，为未来的学习和生活奠定坚实的基础。为了实现这一目标，教师需要将深度学习的理念融入具体的教学内容、教学方法和评价方式中，形成一个有机的整体。在教学内容的选择上，教师应以核心素养为导向，既讲授基础知识，又注重提升学生的思维和审美能力。在教学方法上，教师应采用多样化的教学手段，在激发学生兴趣的同时，引导他们进行深度思考和自主探究。在教学评价中，教师应关注学生的学习效果、学习过程和学习方法等多个方面。

2. 发挥教育课堂的主战场作用

在发挥课堂教育主战场的作用中，教师需要发挥主导作用。首先，要对课程标准和教材进行全面分析，明确各阶段、各单元的教学目标和重点。在此基础上，教师可以根据实际情

---

① 张蒙，王维超. 高中散文深度学习：致力语文核心素养的建构［J］. 语文建设，2018（8）：62-64.

况进行具体的教学设计，以确保教学的一致性和有效性。其次，教师需要对学生的知识基础、学习能力和兴趣爱好等有较为全面的了解。这样，教师才能针对不同学生的特点为他们量身定制合适的教学方案。

为了提高课堂教学的有效性，教师需要采用多种教学策略和方法。例如，教师可以通过创设真实的情境来激发学生的求知欲，通过组织小组活动和讨论来培养学生的团队合作和交流能力，通过训练学生的批判性阅读和写作来提升他们的思维和表达能力。课程设计应与课程目标和核心素养紧密相连，确保学生在学习过程中能得到全面的训练和提升。

3. 注重教学过程的有效评估

在进行综合教学设计的同时，也要注意评估方法的变革。传统的评分方法已经不能很好地适应深度学习的要求。因此，必须建立一套更加全面、客观、科学的评价指标，才能对学生的学习成绩及核心素养的发展进行全面的评价。

（1）统整考核内容

在考核的过程中，这种评估制度应该把期末考试、统考等终结性评估同课堂表现、作业、小组协作等过程性评估有机地结合起来，既要重视对学生的学习成果的考查，又要重视学生的学习过程与方法。在此基础上，引入自评、互评等方法，使学生更加主动地参与到评价中来，完善自主学习、自主评价能力，帮助学生实现多元化发展。

(2) 以人为本评价

在深度学习评价的过程中，需要对学生进行全面、客观的衡量，这就要求教师在教学过程中不断地反省自己，适时地调整自己的教学策略，以提高课堂教学的质量。① 在此基础上，教师要更新自己的教学观念，提高自己的知识储备，从而帮助自己在教学中持续推动现代化知识的理解，同时掌握学生的学习生活过程，满足新时期下学生学习生活中的需求，所以在深度学习的过程中，帮助学生培育思维、提高学习能力，需要基于"人"的价值提升来进行思考。

所以，在高中语文教学中，教师应明确以培养学生的核心素养为目标，将深度学习的理念融入具体的教学内容、教学方法和评价方式中，形成一个有机的整体。在教师的引导和学生的积极参与下，开展有效的教学活动，使学生的核心素养得到全面发展，为他们的未来奠定坚实的基础。

(二) 基于问题导向，设计教学任务

深度学习是一种极具探索性、自主性的学习方法，它注重让学生在知识的海洋中进行自主探索。在高中语文教学中，为了达到深度学习的目的，设计好的教学任务是非常重要的。其中，以"问题为中心"进行教学，既能激发学生的求知欲，又

---

① 董显凤. 用激励性评价方式，提高学生学习兴趣[J]. 新课程：中学，2015(3)：1.

能有效地培养其核心素养。①

1. 以问题思考构建深度学习源头

问题是学生思考的起点,也是驱动他们主动探索和深入思考的源泉。在深度学习中,问题已经从简单的知识问答转变为具有挑战性、开放性和引导性的问题。这样的问题应该围绕课文的核心或主题来设计,以便深入课文的实质,引发学生的深层思考。

以"问题为中心"的教学任务设计,要求教师能够深入挖掘课文的内涵,准确把握文章的主旨。在充分理解课文的基础上,提出具有针对性、启发性的问题是非常必要的。设计的问题应符合学生的认知层次,具有一定的难度,能激发学生的探索欲望。例如,在教学中,教师可以从主题、人物、情节发展等多个角度设计问题。这样的问题可以引导学生从不同角度、不同层次去理解和分析作品,从而提升他们的鉴赏能力和思维能力。在设计问题时,教师还应考虑学生的实际情况和兴趣点,使问题能够引起学生的共鸣,激发他们的浓厚兴趣。

在教学过程中,教师应通过自主学习、合作探究等方式,帮助学生寻找解决问题的方法。自主学习有助于培养学生的独立思考和解决问题的能力;而合作探究则是一种有效的方式,能增强学生的团队合作意识,提升他们的交流能力。通过这些

---

① 王嘉毅,马维林.再论"以学生为中心"的教学意蕴与实践样态[J].中国教育学刊,2015(8):66-72.

学习方式，可以使学生在探究过程中形成自己的观点和见解，进而提升他们的核心素养。

2. 以问题解决为路径构建探索空间

（1）给予学生充分的时间和空间去探索

深度学习的实施既需要时间的保证，也需要空间的拓展，以便学生有充分的思考和探索余地。因此，在进行教学活动时，应对教学计划进行合理安排，确保学生有足够的探索时间。

（2）关注学生在学习过程中的个体差异

在学习过程中，不同的学生具有不同的认知水平、兴趣爱好和学习风格。这就要求教师在设计教学任务时，要根据学生的不同特点，为他们提供个性化的指导和帮助。对于基础薄弱的学生，可以通过设置相应的问题或任务，引导他们循序渐进地进行探究；对于基础较好的学生，可以设置更具挑战性的问题，以满足他们的求知欲和发展需求。

（3）对学生进行及时的反馈和评价

在深度学习中，反馈和评价是不可或缺的环节。通过反馈和评价，学生可以全面了解自己的学习状况和进展情况，并据此进行相应的调整；同时，教师也能及时掌握学生的学习效果和存在的问题，适时地调整教学策略和任务。因此，在以问题为基础的教学中，教师应及时给予反馈和评价，以促进学生的深度学习。

（4）促进生活中的问题、实践与教学内容的联系

"问题导向"的教学任务的设置是深度教学中重要的环节，语文内容与现实生活和社会实践密切联系，所以在实践中，解决的问题都要基于学生的生活。在过程中，教师可以把课程内容与实际生活和社会实践紧密联系起来，既可以激发学生的学习兴趣，又可以加强他们的动手能力和社会责任感。比如，教师可以设计出与现实生活、社会热点有关的问题或任务，指导学生把学到的知识运用到实际生活中去，进而提高其核心素养和综合素质。

在此基础上，提出了一种基于"问题导向"的教学方法。在教学过程中，教师要设计富有挑战性、开放性和引导性的问题，以引起学生的好奇心；引导学生自主学习，合作探究；运用反馈与评估，推动深度学习；把教学内容与实际生活和社会实践紧密地联系起来，使其具有较强的动手能力和社会责任感。

（三）基于单元整合，设计教学内容

在高中语文教学中，深度学习的理念强调对知识的深刻理解和综合应用。为实现这一目标，必须对教学内容进行合理设计。相较于传统的以课时为单位、孤立讲授单个文本的教学模式，深度学习倡导以单元为单位整合教学内容，这有助于学生建立知识之间的联系，提升其整体感知与欣赏能力。[1]

---

[1] 李馨. 高中语文学习任务群下的课堂深度学习策略［J］. 高考，2023（4）：55-57.

1. 加强单元知识筛选

高中语文教材通常按单元组织编排，每个单元围绕特定主题选取相关课文。为改变这一状况，教师应以单元为单位进行教学设计。在进行单元整合教学的过程中要细致分析同一单元中各篇章在主题、内容、结构、语言等方面的联系与区别。所以教师需要在单元学习提示的相关内容中，融入信息技术、多元化的观点、历史事件、他人评述等引导学生进行深度学习，串起课内课外，促进学生语文课内的学习。每个单元的综合性学习活动，将课堂和网络结合起来，帮助学生有效筛选内容，提升核心素养。

2. 促进教学知识整合

教师可以根据分析结果，将相关的知识点和能力点进行整合。这主要涉及语文知识的积累与运用、文学鉴赏的方法与技巧以及思维能力的提升与发展等方面。通过将各知识点和能力点进行有机融合，教师可以在课堂上构建一个完整的学习体系，帮助学生构建起知识网络，提升其综合应用能力。在进行单元整合教学的过程中，还需注意：（1）关注学生的学习需求，从学生的实际情况和兴趣出发设计教学内容；（2）要注重教学方式的多样性，通过灵活多变的教学方法激发学生对语文的兴趣；（3）要加强师生间的互动与交流，鼓励学生在课堂上主动讨论、分享观点；（4）及时给予学生反馈与评价，使其对自身的学习状况有清晰的认识，在这个过程中就需要教师积极利用批判性思维帮助学生学习,能及时采取相应的策略进行改进。这样不仅能提升学生的学习效果,还能培养其自主思考与创新能力,为未来的学习与生活奠定坚实基础。

3. 开展整体化内容设计

在现行的教育体制下,"单元统整"是一种新的教学内容设计模式,其核心是"单元统整"。[①] 在此基础上,提出了一种新的教学方法,既可以提高学生的跨学科思维,又可以提高学生的综合运用能力。

借由多个学科与学习内容的融合,让学生在单元学习过程中理解学习内容,拓展语文知识在多元视角下的应用,帮助学生理解与掌握多个学科学习的本质。在这个过程中,可以充分利用跨学科、多元组织的方式帮助学生进行团队协作,从多学科、多视角审视问题,分析资料,寻找解决问题的方法。鼓励学生突破传统学科的藩篱,探究各学科间的交叉与融合。在这个过程中,学生对所学知识的认识与理解也被不断地充实与提高。在这个过程中通过理论联系实际帮助学生解决问题,培养其综合应用能力,进一步促进学科素养的提高。

因此,基于单元整合的教学内容设计,通过深入剖析单元中每一篇文本之间的联系和差异,将相关的知识点和能力点进行有机融合,并进行整体设计。在深度学习的视角下,可以让

---

① 林子杰,熊一舟. 基于语文学科大概念的单元统整教学转化 [J]. 中学语文,2022(6):3-5.

学生们建立起一个完善的知识网络，提高他们对语篇的整体感知和信息提取能力，进一步促进综合素质的提升，培养多元化知识的运用，帮助他们在中学学习生活中获得良好的学习体验。

（四）基于学习过程，设计教学方法

深度学习是一种以理解和应用为核心的学习方法。在高中语文教学中，要实现深度学习的目标，必须对教学方法进行合理设计。在教学过程中，教师应强调学生的主体地位，关注学生的课堂体验和参与感，充分激发学生的学习热情。为了设计出有效的教学方法，教师需要深入研究学生的学习过程。在教学过程中，学生不仅要获取知识，还要培养思维能力，提升核心素养。因此，在设计教学方法时，应充分考虑学生的全面参与，让他们充分感受语言的魅力，进而提高语文素养。

1. 灵活教学方法运用

在课堂教学中，教师应采用灵活多样的教学方法，以提高学生的学习兴趣。

（1）情景创设

情境创设是一种有效的教学方法，可以让学生在情境中感受和理解课文。例如，在进行古诗教学时，教师可以创设古代生活情境，让学生通过扮演古人、诵读古诗等方式，体验古人的情感，提高对古诗词的鉴赏能力。

（2）角色扮演

角色扮演也是一种受欢迎的教学方法。通过让学生扮演课文中的角色，可以帮助他们更好地了解课文中的人物和其内心世界。这不仅能增强学生的情感体验，还能提高他们的语言表达和推理能力。例如，在教学过程中，教师可以让学生扮演剧本中的不同角色，在表演和对话中深刻体会其中的情感和冲突。

（3）分组学习

分组学习也是一种常用的教学方法。通过分组学习，可以让学生在交流中产生思想碰撞，在培养学生的合作能力的过程中，帮助学生进行思维碰撞，拓宽思考范围和深度，解决其思想中的不足。在进行分组讨论时，要明确讨论的主题和目标，并给予必要的引导和支持。同时，教师要关注学生的个体差异和需求，对不同水平的学生进行有针对性的指导和帮助。例如，对于基础较差的学生，可以提供一些相关的背景资料来帮助他们更好地理解课文；对于基础较好的学生，可以设计更具挑战性的问题来提高他们的思维能力。

2. 注重以学生为本的过程设计

在实施"以生为本"的教学思想的同时，要注意对课程进行细致的设计，使其与学生的学习目的、核心素养密切相关。在教学方法上要符合教学目的，要符合学生的核心素养，即要探讨怎样用多种教学方法去激发学生的学习兴趣，让他们对所学知识有更深刻的认识。同时，在运用互动讨论、个案分析等多种教学工具时，要注意其有效性与可操作性，以保证其对知识的掌握、技能的培养起到积极作用。

在新课程改革的背景下，学生对新课程的要求也越来越高，这就要求教师进一步学习新课程，使之更好地联系实际。这一研究不仅要熟悉课程标准，还要掌握目前的教学动态、技术的最新发展和学生的实际需要，这样才能不断地进行教学改革和调整，进而达到学生的预期，提升教学效果。因此，"以生为本"的教学模式是一种行之有效的教学方法，它的核心是教师对教学过程的思考、对新课程内容的持续关注与更新。只有这样，我们才能培育出具有批判思维、创造精神、终身学习的新一代。

在高中语文教学过程中，教师要注重学生的整体参与和体验，激发他们的学习兴趣和热情，采取多样化的教学方式，并提供个性化的教学支持和辅导，从而使学生的语文核心素养和综合素质得到提高。

（五）基于素养发展，设计教学评价

深度学习是一种新兴的教育理念，其根本目的在于提升学生的综合能力，特别是核心素养。在高中语文教学过程中，如何进行教学评价是实现这一目标的关键环节。[1] 传统的基于分数的评价方式已难以适应深度学习的要求，因此教师需要转变评价观念，采用多样化的评价方法，对学生的学习成效和进步进行全面、客观的评价。

---

[1] 张蒙，王维超. 高中散文深度学习：致力语文核心素养的建构［J］. 语文建设，2018（8）：62-64.

1. 围绕核心素养进行教学设计

教学评价应以学生为中心，围绕提升学生的核心素养展开。核心素养是指学生在学习过程中需要培养的关键能力和必备品质。这些能力的提升是深度学习的主要目标，也是学生未来发展的重要方面。具体来说，在教学活动中利用语文核心素养开展教学活动设计：（1）要根据教学内容和教学目标设计出一系列评价内容；（2）培育学生在课堂上对文本的理解能力，以及对作者写作意图的把握；（3）培育学生在学习过程中的逻辑思维能力，并在此基础上培养学生的批判性思维和创造性思维；（4）注重帮助学生提高对文本中的美好情感、思想内容和艺术特色的鉴赏能力；（5）在文化传承与理解方面，要注重考查学生的文化自信。

2. 利用核心素养开展深度教学

（1）以问题为中心，融合教学内容

从高中语文教学现状来看，在语文教学过程中，教师们在提问时设计的问题往往较为简单且零散，缺乏思维层次感，这导致在课堂学习中，学生的知识能力未得到有效锻炼，收获有限。为了使学生的语文学习思维具有有序性和连贯性，教师应采用"以生定教"的教学方式。在实践中，教师要找出教学问题的核心，建立合作交流、情景探索的教学方式。通过设计的问题，使学生在语文学习中形成连贯的思维，既培养学生的合理语言结构能力，又根据核心素养的要求，培育他们的审美欣赏力和创造力，推动其语文学习思维的持续发展。

(2) 寻找切入点，激发课堂活力

在进行语文阅读教学时，教师不仅要用问题指导的方法，还要在设计问题时找准切入点。若学生在记忆、默读或自主研究问题的过程中，教师随意提问，可能会干扰学生的思考，打乱其学习步骤，进而影响学习效果。为了提升学生的思考能力、辨别能力和分析能力，教师应针对学生的学情特点，提出具有针对性的问题，以更好地激发学生的思维活力。

(3) 生活问题引入，传承文化知识

语文教学不仅是知识的探求，更是思维和能力培养的过程。对教师而言，在设计问题导学时，应确保问题的逻辑性和连贯性。同时，要从生活中汲取素材，设计与现实生活紧密相连的问题，以便学生更好地理解和回答。此外，教师还应将生活化、实际性的问题带入课堂，将知识与生活情景相结合，以增强教学效果，让语文课堂更加丰富多彩。

(4) 根据特点教学，优化教学过程

传统的教学过程中，教师常采用介绍作者、文章背景、分析问题和探索问题等固定模式，并检查学生的课前预习，之后按照课文顺序逐段讲解。尽管这种方式能让教师积累教学经验，但长期重复使用会导致学生感到厌烦。因此，作为语文教师，在设计问题时应以学生为中心，以激发他们的学习兴趣和积极性。教师应根据当前学情对教材进行分析和整合，实现教学过程的优化。

例如，在教授《烛之武退秦师》这一课时，教师可以先展示相关历史时期的影像资料，帮助学生大致了解作品背景。接着，可以采用小组合作的方式，让学生清晰理解文章内容，并就有疑问的部分与学生进行讨论和交流。同时，采用"以问题为中心"的教学方法，不仅能提升学生的学习兴趣，还能有效提高他们的理论水平和语文素养。[①] 在具体的教学活动中，教师也可以将课堂交给学生，让他们根据课文内容进行角色扮演，以活跃课堂气氛，促进学生的全面发展。

（5）培育核心素养，活化课堂氛围

在语文学习过程中，学生将接触广阔的知识世界、多姿多彩的文化奇异事物。在这段美丽的语言学习旅程中，越走越能发现其中的乐趣和智慧。教师要引导学生探索未知领域、感受不同的风光和精彩。在教学过程中，教师应将问题设计作为主要研究方向，根据学生的思考和反应巧妙设置问题。这不仅能满足学生的情感需求，还能引导他们的思维进入未知领域，深入激活课堂氛围，开拓语文课堂之外更广阔的天地。

3. 采用多样化的过程评价方式

传统的以考试成绩为主要内容的评价方法较为单一，无法全面反映学生的综合素质。为了更全面、更客观地了解学生的

---

① 王嘉毅，马维林．再论"以学生为中心"的教学意蕴与实践样态［J］．中国教育学刊，2015（8）：66-72．

学习情况，教师应结合课堂观察、作品展示和口头报告等多种方式进行评价。通过课堂观察，可以更好地把握学生的学习态度、参与程度和合作精神；通过作品展示，可以评价学生的创造力、实践能力和审美能力；而口头报告则能训练学生的语言表达能力和逻辑思维能力。采用多样化的评价方式，有助于教师更全面地掌握学生的学习状况，为后续教学提供有力支持。同时，评价过程中要及时向学生提供反馈。在教学评价中，反馈是一项至关重要的工作，它能让学生直观地了解自己的学习情况，并据此进行有效改进。因此，在完成课堂评价后，教师应及时将评价结果反馈给学生，指出他们在学习过程中的优点和不足，并提出具体的改进建议。这种及时的反馈和有效的沟通，有助于学生更好地认识自己、提升自己。

同时在学习评价的过程中要进一步思考：（1）尊重学生的个性差异，关注每个学生的独特发展；（2）重视评价过程，关注学生的努力与付出；（3）确保评价的公正性和客观性，避免主观偏见和判断失误；（4）结合教学目标和教学内容，确保评价的针对性和有效性。随着新课程标准的推行和教育教学改革的深入，教学评价也面临着更高的要求。在实施新课程过程中，教师要密切关注课程标准和教学大纲的变化，适时调整评价策略和方法，以确保新课程的顺利实施。

基于素养发展的教学评价是深度学习的重要组成部分。在高中语文教学过程中，通过以学生为中心进行评价、采用多样化评价方式、及时向学生反馈以及建立健全的评价体系与机制等措施，教师能够对学生的学习成效和进步进行全面、客观的评价，为其全面发展提供有力支持。这些举措不仅有助于提高学生的学业成绩，也为他们未来的学习和生活奠定了坚实基础。

第二节　怎样进行高中语文深度学习的教学设计

一、深度学习设计的四种性质

（一）注重层次性，以浅层次引入深度

深度学习注重知识的层次性，在教学设计中应遵循由浅入深、由表及里的原则。这要求教育者全面了解学生的知识基础，根据其认知水平构建循序渐进的教学路径。这样，学生可以逐渐建立起对文本的深刻理解，而非停留于表面或掌握碎片化知识。

1. 分析学生阶段知识水平，确定教学起点

进行深度学习教学设计时，需首先整体把握学生的知识层次。这涉及对学生阅读理解、文本解析、语言表达等能力的评估。通过测试、问卷和课堂观察，教师能清晰了解学生目前的知识水平。在此基础上，教师可根据了解的情况来确定教学的起点，确保所教内容既不过于简单也不过于复杂，而是与学生

的实际水平相契合。例如，在教学文言文时，教师可利用测试题和提问的方式，考查学生对文言文的基本认识，如作者生平、文体特点等。基于此评估，判断是否需要对学生已有的知识进行补充，为后续的深入学习奠定基础。

2. 设计递进式的教学任务，延展教学基础

在明确教学起点后，教师应设计一系列递进式的教学任务。每项任务都应具有一定的层次性，且以前一项任务为基础，逐步引导学生深入理解文本。这样，学生便不会一次性被大量信息所淹没，而是能逐渐构建起对文本的整体认知。

例如，在《红楼梦》的整本书阅读进程中，教师可先从梳理故事情节、分析人物角色等基础工作入手，然后逐步过渡到探究作品主题、品味语言风格等更为深入的问题。每项学习任务都应设定明确的目标和评价标准，使学生能够清晰认识自己的学习进度并进行自我评估。

3. 利用多样化途径学习，加深学习理解

案例分析和小组讨论是深度学习教学中的有效手段。通过这些方法，学生能在文本中进行更深层次的剖析与探讨，从而更好地理解文本。这些方法为教学提供了更为生动、实用的途径。例如，在讲解一部具有深刻社会意义的现代文学作品时，可选取几个典型案例或片段进行深入分析。通过对作品中的社会现象、人物形象及其所蕴含的深刻意义进行剖析，能使学生更为深刻地领悟作品的主旨和思想内涵。在此基础上，通过组

织小组讨论，让学生在课堂上就所学内容展开充分的交流与探讨。这样，学生之间便能相互启发、相互补充，共同加深对文本的理解。

这种由浅入深、循序渐进的教学方法能帮助学生逐渐形成对文本的深刻认知。这不仅有助于提升学生的语言水平和阅读能力，还能为他们未来的学习与生活奠定坚实的基础。同时，在教学过程中，教师也应对自己的教学策略进行不断反思与适当调整，以确保所教内容始终与学生的认知水平相匹配，从而实现最佳的教学效果。

（二）注重包容性，以开放性回归包容

深度学习教学思想强调对复杂问题进行有效思考。在语文课堂教学中，教师要创造一个宽松的学习环境，使学生从多元化的路径和角度来理解阅读文本的内容。在这个过程中，可以从学生适应的角度，以尊重学生个体差异为前提，帮助他们理解文本的多样性。

1. 创造问题情境，激发学生思考深度性

在深度学习过程中，教师的角色由简单的传授者转变为指导者、合作者和共同探究者。在教学中，要注意创设开放性的问题情境，以培养学生的发散性思维。这样的问题并不是只有一个固定的答案，它需要学生根据已有的知识，并与自己的生活经历相结合，去进行深刻的思索与探究。比如，在对教学内容进行阅读、分析的过程中教师可以问一些开放式的问题，比如，"如果是你的话你会怎么样来表达这个故事？"这些问题可以引起学生的好奇心，促进他们从不同的视角去理解、解读文章。

在此基础上，运用多媒体技术、角色扮演、模式构建等方法，营造出更为逼真的问题情境。这样可以帮助学生更深入地理解作品的内容和意义，从而更好的理解作品的内容和价值。

2. 尊重个体差异，鼓励学生思维多元性

由于生活经验、知识背景、思维方式等方面的差异，每个学生都是独一无二的个体。因此，在深度学习中，教师应鼓励学生大胆发表自己的见解，并尊重他们的个体差异。[1] 在课堂上，教师不应一味评判对错，而应给予肯定和建设性的反馈。这样，学生会感到被重视和尊重，从而更有信心地表达自己的观点。在此过程中，学生可以相互倾听、相互启发，形成对课文的多元化理解。这种合作学习不仅能培养学生的团队协作精神，还能提高他们的沟通能力和思维广度与深度。

3. 促进观点交流，提升课堂活动丰富性

在深度学习过程中，课堂讨论和辩论是非常重要的教学活动。通过这些活动，学生可以围绕重点或争议话题展开讨论。[2] 在讨论和辩论中，各种观点和看法相互碰撞、激荡，引发学生

---

[1] 冯丹丹. 深度学习背景下的课堂有效提问研究［J］. 学园，2021（13）：71-73.

[2] 王家元. 在深度学习中发展学生的思维［J］. 中学课程辅导（教师教育），2020（9）：110-110.

更深层次的思考与反思。这样的交流与碰撞不仅能提升学生的批判性思维和思辨能力,还能提高他们的语言表达和逻辑推理能力。

为了确保课堂讨论和辩论的有效性和秩序性,教师需要做好充分的准备和组织工作。首先,教师要合理选择教材和讨论话题,确保其具有充分的开放性和争议性;其次,教师要为讨论设定明确的规则,确保每个学生都有机会发表观点并尊重他人的意见;最后,教师要在课堂教学中适时给予指导和总结,帮助学生厘清思路、提炼观点并加深理解。

通过创造开放的问题情境、尊重学生个体差异并鼓励他们发表独特见解,以及促进不同观点的交流与碰撞等方式,我们营造出一个充满活力、富有创造性的学习环境。这是一个让学生能够自主探究知识、自由表达自我并培养核心素养的成长空间。

(三)注重整体性,以层次性融合整体

强调整体性是高中语文深度学习的一个重要原则。这就要求教师在进行教学设计时,既要关注课文的局部细节,又要注重课文的整体意义。这样一种全面的教学观,可以帮助学生形成对课文的完整理解,避免陷入片面或碎片化的解释中。通过层次性的整合,深度学习可以帮助学生逐步构建对课文的全面认识,进而提升其语文核心素养。

1. 把握课文整体要义,对细节进行深入分析

文本细节分析是深度学习的重要组成部分。但这种分析并

非孤立进行，而必须与课文的整体内容紧密相连。因此，在指导学生对课文细节进行深入分析时，要时刻提醒学生关注细节与整体的联系。例如，在分析一段文本时，教师可以提问："这一段在整篇文章中扮演了怎样的角色？"通过这样的问题，可以引导学生从具体的细节内容转向对整篇文章结构的理解，进而把握文章的主旨和价值。同时，教师可以运用对比、类比等方法，指导学生发现不同细节之间的内在联系及其与整篇文章的异同。这种跨细节、跨层次的剖析有助于学生深化对文章的理解。

2. 运用现代化学习工具，形成整体认识

思维导图、概念图等可视化工具可以帮助学生更好地理解文章的整体结构。这些工具能够直观地展现文章的各个部分及其相互关系，使学生形成对文章的全面认识。例如，在分析以议论文为体裁的文章时，教师可以让学生绘制思维导图，清晰地展示出中心论点、分论点和论据等内容，进行"总—分—总"等内容设计。这样，学生能更清楚地了解文章的整体架构和逻辑思路，进而理解作者的论证过程和观点。此外，教师也可以鼓励学生自主创建这些直观工具。在这一过程中，学生需要认真研读、理解课文内容，提炼出关键信息，并进行系统的组织。这是一个深度学习的过程，有助于学生更好地理解课文内容。

3. 设计综合性教学任务，促进全面分析

综合性的教学任务能够提高学生的综合思维和阅读理解能

力。它要求学生从多个维度对文章进行全面、深入的分析。例如，让学生对一部作品的主题、角色、艺术手法等做出综合的分析和评价；或对某一历史事件的多方面影响进行深入讨论和思考。这样的任务可以激发学生的学习兴趣和动力，提高他们的思维水平，从而更深入地探究课文。在设计综合性教学任务时，要考虑到任务的难度和适宜性，过于简单或复杂的任务都不利于学生进行深度学习。因此，教师应结合学生的实际学习情况，合理设置任务的难度和要求。同时，教师要为学生提供必要的指导和支持，帮助他们在学习过程中不断获得成长和提高。

所以在深度学习的过程中，应该强调整体性原则在深度学习的模式运用。通过指导学生关注文本细节与整体的关系、使用可视化工具构建文本的整体框架以及设计综合性的教学任务，教师可以帮助学生逐步建立对文本的全面理解并提升其语文核心素养。在此过程中，学生不仅能够提高知识与技能水平，还能发展自身的思维能力与创新精神，为未来的学习和生活奠定坚实的基础。

（四）注重全面性，以单一性指向全面

深度学习是一种注重全面发展的教育思想。这就需要教师在教学设计中不仅要注重对学生知识的掌握，而且要注重学生的高级思维发展。在深度学习中，不同于传统的只是简单地向学生灌输知识，还要求教师以更广阔的眼界来考虑教学内容。

同时，要以提升学生的核心学科知识、批判性思维和复杂问题解决能力、团队协作能力、有效沟通能力、学会学习能力以及学习毅力等方面来规划教学活动，实现核心素养的培育。

1. 基于深度学习培育审美素养

在深度学习中，知识传递是重要的环节之一，但是仅传递知识是远远不够的，教师还需要运用多种教学方法和手段来培养学生的创新思维和审美能力。[1] 例如，在文学作品分析中，教师可以通过引导学生进行批判性思考并鼓励他们发表个人见解来培养他们的审美意识。同时，通过欣赏和解读文学作品中的美的元素和表现手法来提高学生的审美素养和欣赏能力。此外，教师还可以设计一些具有挑战性和开放性的问题来进一步发展学生的思维和审美能力。这些问题应该能够激发学生的好奇心和探索欲望，并促使他们进行深入的思考。例如，教师可以让学生对某部文学作品的题材、角色等进行深入分析并尝试创作出自己的作品与他人交流讨论。通过这些活动不仅可以巩固学生所学的知识，还可以提升他们的思维和审美水平。

2. 基于深度学习培育思想品质

语文核心素养包括思想素质，但不是抽象的理论知识，而是要运用到实践中去。这就要求我们在语文教学中应根据具体情况对学生进行心理素质的培养。例如，在教学《屈原列传》

---

[1] 皇剑花. "少教多学"在中学语文教学中的策略与方法研究 [D]. 金华：浙江师范大学，2013.

时，教师可通过《史记》中司马迁如何评价屈原，以及屈原在各类作品中的表述来探讨屈原的爱国主义思想与人格特质。同时，可以引导学生结合自己的生活经历，让学生进行思维和素养的进一步表达。这样既可以加深对课文内容的了解，又可以使学生树立正确的文化传承思想。

3. 基于深度学习开展跨学科教学

构建多学科集成的语文实践活动场域，高中语文跨学科学习的整合性首先体现在语文实践活动的整合。高中语文实践活动中融通了学习内容、学习资源、学习情境等关键要素，这些要素正是开展跨学科学习的连接点和拓展点。在学习内容层面，教师可以通过多学科透视和分析，引导学生深入理解语文学科具体领域中的关键概念。在学习资源层面，可以依据学习主题融入多学科的典型语料，拓宽学生的阅读视野。在学习情境层面，可以借助多学科融合个人体验、学科认知和社会生活等多样的情境，引导学生获得丰富的学习体验。

通过跨学科学习，以语文实践活动为载体，与内容、资源、情境形成互动和融通，能够构建出体现不同学科集成的实践活动场域，增强语文学习的弹性和包容性，充分体现多学科综合育人的优势。比如，高中语文教师开展古诗词教学，在学习内容层面可以融入艺术学科知识，尤其是美术和音乐，引导学生在跨学科比较中掌握"意象意境""托物言志""烘托渲染""节奏韵律"等诗词学习要点，更全面地体会诗歌朗诵技巧、解读方法和情感内蕴。在学习资源层面可以借助影视、舞蹈类节目，引导学生体会艺术传承和文化素养发展，从而构建出开放的学习情境。

二、深度学习活动的五个重点活动

（一）观察

观察是人类认识世界的一种最基本方法，也是帮助获取知识的一个重要手段。对于学习，尤其是对深度学习来说，其通过核心知识的输入，到思维的融合，再到信息的输出，可以培育多样化的视角，提供多元化的信息内容，帮助学生感悟学习中的主旨和文学内涵。

1. 引导学生关注文章的细节特点

高中语文教材中包含大量细节，这些细节既是作者构思的巧妙体现，也是解读课文的关键。[①] 细节往往藏于具体的情节中。以《烛之武退秦师》为例，在教学中，教师可以引导学生细读作品的情节。秦晋两国联合起来围攻郑国，战争如箭在弦上，一触即发。烛之武在郑伯的一番劝说下，抛开个人情绪和利益，承担起关系国之生死存亡的重任，临危受命，去见秦穆公。在细读情节的过程中，有的学生发现"夜缒而出"这一细节中的"夜缒"二字深藏玄机。"两国交兵，不斩来使"是从

[①] 韩梅. 高中语文教材隐性知识的教学探究 [D]. 桂林：广西师范学院，2015.

古至今的战争法规，任何交战方都得遵守。可为什么聪明机智的烛之武前往秦营去谈判，会选择在月黑风高的夜晚出行呢？已经年迈的烛之武作为使者为什么不能光明正大、风风光光地出城，而是选择用绳子从城上坠下去，偷偷摸摸地出城呢？抓住故事情节中的这个细节，学生很快便能知晓烛之武的用意。选择"夜缒"出行，只是为了掩护其入秦军的这一行为，暂时不想被晋国察觉。一旦晋国发现了问题，烛之武在斡旋的过程中可能会遇到重重困难。由这一情节，学生就能发现作者是在赞扬烛之武的临危不惧和机智勇敢。

2. 引导学生关注课文中的背景知识

在文章的学习中其文本材料是时代的产物，反映了当时的社会特征和文化环境。文学家艾·阿·瑞恰兹（Ivor Armstrong Richards）认为："语境是语言产生意义的原因和前提。"[1] 因此，在深度学习过程中，教师还应指导学生关注文章的背景资料，如时代背景、作者生平等。以《烛之武退秦师》为例，身处朝堂、担任要职的佚之狐却举荐久不受重用的老人烛之武前往秦军军营见秦穆公。烛之武临危受命，并不觉得受宠若惊，只是说："臣之壮也，犹不如人；今老矣，无能为也已。"这不仅使故事情节出现了转折，留下了悬念，还能凸显烛之武这一人物的性格特点。在教学中，教师可以组织学生开展角色扮演

---

[1] 孔帅. 瑞恰兹文学批评理论研究［D］. 济南：山东大学, 2011.

活动，还原文本中的语境，引导他们更好地揣摩烛之武这一人物形象。通过还原语境，学生发现：烛之武并非一般的汲汲于功名与利禄的人，而是一个敢在君王面前直言君王之错的人。他在直言了君王的过错后，又答应了君王的请求，可见他是一个胸有丘壑、心胸开阔的人。

3. 培养学生的信息观察力和敏锐度

观察力和敏锐度是深度学习中最为关键的能力之一。只有具备敏锐的观察力和洞察力，学生才能从复杂的信息中捕捉到有用的信息，为后续的学习奠定坚实的基础。因此，在深度学习的过程中，教师还需要注重对学生观察力和敏锐度的培养。在语文深度学习活动中如何培养学生的观察力呢？

（1）激发观察兴趣

学生如果对事物毫无兴趣，那他是不会主动去观察的。因此，教师在教学中要适时地向学生提出或引导学生自己提出有趣的问题，也可以向他们介绍一些有趣的知识，使他们乐于观察发现。

（2）明确的目的性

观察如果没有明确的目的，就不会有理想的结果。布置观察任务时，教师要向学生讲明目的与要求，让学生有的放矢，使他们观察有目标、探究有方向、活动有收获。

（3）观察思考结合

观察是一种有目的的感知，不单纯是事物在人的意识中的直接反映，还包括了积极的思维活动。所以，只有将观察与思考相结合，才能引导学生的认识由表及里，由现象到本质，使认识逐渐深化。"观察"是深度学习研究的起点和基础环节，在高中语文深度阅读教学过程中具有重要地位。教师应引导学生关注课文的细节特点和背景知识，培养学生的观察力和敏锐度，为后续的学习打下坚实的基础。通过对作品的深入观察和研究，学生可以更深刻地理解作品的内容和价值，感受作品的魅力，并为他们未来的学习和生活提供有力的支持和帮助。具备良好观察力和敏锐度的学生在面对纷繁复杂的社会现象时，能够更敏锐地把握事物的本质和规律，做出更明智的决策和判断。

（二）排障

在深度学习过程中，学生不可避免地会遇到各种问题和障碍。在语文教学中，这些困难不仅可能影响学生的学业成绩，还可能削弱他们的学习动力和信心。[1] 因此，排除障碍成为深度学习中不可或缺的一环。有效处理学习过程中的问题和障碍，能够推动学习进程，提升学生的核心素养。

1. 鼓励学生提出自身疑问

为了营造轻松、民主的学习氛围，教师应该鼓励学生提出疑问和困惑。在这种氛围中，学生可以自由发言，不用担心被嘲笑或指责。教师可以通过设计开放性问题来激发学生的好奇

---

[1] 付静. 初中语文深度学习的落实途径分析 [J]. 语文课内外，2022（27）：112-114.

心和探究欲，促使他们主动探索。同时，教师应关注学生的个体差异，尊重每位学生提出的问题和困惑，并给予及时的反馈和指导。

2. 对学习内容耐心解答

在学生学习过程中，教师需要耐心解答学生的疑问，并提供正确的引导。通过解答问题，教师不仅能帮助学生消除困惑，还能协助他们构建正确的知识体系和思维模式。因此，在解题过程中，教师应注重方法和策略，引导学生进行多元化思考，培养他们的发散性和批判性思维能力。同时，教师还要关注学生的情感和态度，鼓励他们在遇到困难时不要轻易放弃，要勇于挑战自我。

3. 强化多样化方法指导运用

除教师直接给予答案和引导外，还可以通过小组活动、师生互动等方式来帮助学生解决问题。小组活动可以让学生在学习中相互学习、相互帮助，共同解决问题。通过小组活动，学生可以互相交流、互相启发。师生互动则可以让教师更好地了解学生的学习状况和需求，为他们提供更具针对性的辅导和帮助。在教学过程中，教师还可以运用示范、指导等方法，激发学生的学习兴趣和动机，促使他们对问题进行更深入的探索。

4. 提升排除障碍过程互动

在深度学习中，排除障碍不仅是一个解决问题的过程，还是一个提升学生核心素养的过程。通过积极提问和寻求解答，学生能够在教师的指导和小组合作中逐渐形成自己的知识体系、思维模式和情感态度。这些素质的提升不仅有助于学生在当前学业上取得更好的成绩，还会对他们未来的学习和生活产生深远的影响。因此，对高中语文教师而言，在深度学习过程中应重视排障这一环节，努力营造轻松、民主的学习环境，让学生敢于提问、勇于解决困惑，并给予他们及时的反馈和指导。同时，教师还应积极探索多样化的教学方法，如小组合作、师生互动等，以便更有效地突破学习中的难点和障碍，推动学生的深度学习进程，提升他们的核心素养。

（三）思考

在深度学习的过程中，思考无疑是核心环节。它不是简单的信息加工，而是对信息进行深层次的加工和再创造。在高中语文学习过程中，思考起着至关重要的作用，可以引导学生深入文本的内核，探究其内涵和外延，提升学习能力从而提升思维品质。

1. 指导学生理解与深入分析

高中语文教材中往往蕴含着丰富的文化底蕴和深刻的思想哲学。它并非简单的文字堆砌，而是作家心声和思想的结晶。因此，深度学习要求学生不能仅停留在字面意思上，而需要更深入的理解和探索。在这个过程中，教师的指导至关重要。教师可以通过设计一系列问题，激发学生的好奇心和探究欲，引导他们逐步深入课文的核心。例如，在阅读一篇小说时，教师可以提出这样的问题："这篇小说的主题是什么？作者又是如何通过人物、情节、环境等要素来表现这个主题的？"在阅读教学中，还应注重运用比较阅读、文本细读等多种方法，让学生对文本进行多层次、多维度的理解与分析。通过比较两篇文章的异同点，学生可以更清晰地认识到文章的独特性和价值；通过文本细读，学生可以更深刻地体会到作者用词的精准、句式的多变和情感的细腻。

2. 进一步培养学生的批判性思维

在深度学习过程中，批判性思维是不可或缺的。它要求学生在阅读过程中不盲目接受文章中的观点和想法，而是以审慎、理性的态度进行评价。[1] 这种思维方式对于培养独立思维和创造性思维具有重要意义。为了培养学生的批判性思维能力，教师可以安排适当的小组讨论或辩论活动。在这些活动中，学生可以就课文中的某个观点或话题展开热烈的讨论和辩论。在与他人观点的碰撞和交锋中，学生可以加深对课文内容和含义的理解，并锻炼他们的语言表达和逻辑推理能力。同时，教师还要引导学生从不同角度去理解课文。每个人都有自己独特的阅读体验，这正是阅读的魅力所在。在教学过程中，教师要鼓励学生站在不同的立场上，发掘文本中蕴含的其他意义和价值。采用多元化的阅读方法有利于培养学生的发散思维

---

[1] 郑春盛. 初中语文阅读教学中深度学习策略的应用［J］. 少年写作，2021（29）：93-95.

和创造力。

3. 利用学习活动培育学生的思维表达过程

思考与表达是相辅相成的。无论你的思考多么深刻、全面，如果不能清晰、准确地表达出来，你的思维成果就无法被他人理解和接受。因此，在深度学习的过程中，还需要结合写作、演讲等手段来强化学生的语言表达和逻辑推理能力。写作是表达思维成果的一种有效方式。

（1）深度写作

在写作过程中，学生可以将他们的思考过程和成果以书面的形式呈现出来，这既有助于学生厘清思路，又能锻炼他们的书面表达和写作能力。在教学中，教师可以布置读后感、文学评论、议论文等写作任务，让学生在写作中培养自己的思考和表达能力。

（2）演讲活动

演讲也是一种重要的表达方式。通过演讲，学生可以用口头语言阐述自己的观点和见解，这不仅能锻炼学生的语言表达能力，还能提升他们的逻辑思维和公共演讲能力。教师可以组织一系列的演讲活动，为学生提供展示自己思维能力的平台。同时，课堂教学中的演讲训练，也可以有效提高学生的语言表达水平。

（四）解释

在深度学习中，解释既是知识输出的关键手段，也是学习者实现内化、再创造和知识迁移的重要环节。在解释过程中，学生可以运用自己的语言和领悟来阐释文本的内容和意义，从而形成个性化的解读，并与他人进行交流和共享。这一过程不仅能加深学生对语言的理解，还能提升他们的语言表达和交际能力。

1. 引导学生进行自我解释

在高中语文课堂上，常遇到一些艰深难懂的课文，这些内容蕴含着丰富的文化内涵或思想哲学，解释的过程中不应针对文本内容进行解释。所以在这个过程中，学生要利用已有的学习知识将认知活动转换成语言理解，用自己的语言对文章进行阐释。在教学过程中，教师要运用各种教学手段，指导学生正确解读教材内容。（1）演示怎样用简明易懂的语言总结出全文的主旨。借由演示，学生能学习把复杂的文字材料变得简单易懂。引导学生从文章中提取重点内容，并能够用自己的语言表达自己的观点。（2）利用多元化的工具进行理解。在学生阅读、理解、表述的过程中，可以利用文本、图表、图片进行释义，在多元化的条件下，学生在学习过程中能够更好地展示自己对课文的认识，促进核心素养培育任务的达成。

2. 帮助学生之间进行探讨

深度学习强调学生的互动性和反思过程。在解释过程中，学生必须相互进行交流和讨论。通过交流和探讨，学生可以互相启发、开阔视野和拓宽思路。为了营造良好的交流和探讨氛围,教师应创设轻松、民主的课堂气氛。在这种氛围下,学生可以畅所欲言,不用担心受到他人的非议。同时,在课堂教学中,教师还要设计一些具有开放性、争议性的问题,以激发学生的思考和讨论热情。在热烈的讨论和交流中,学生对课文的理解会更加深入,同时他们的思维品质也会得到提升。

3. 评价过程之中关注释义

在语文教学中,教师的"评价"与"引导"是不可或缺的环节。通过对学生的解释进行评价和引导,教师可以帮助学生认识到自己在解释过程中存在的问题和不足,进而提出改进的建议。(1)聆听。教师要认真聆听,并为学生做好释义。在聆听的过程中,教师要关注学生的语言表达、逻辑分析和观点阐述等方面,以便发现他们的优点和不足。(2)客观。教师要客观、全面地评价学生的解释。在评价时,既要肯定学生的优点和进步,也要指出他们在解释过程中存在的问题。(3)反思。针对学生存在的问题和不足,教师要提出具体的改进建议和指导方案,帮助学生在学习过程中进行反思,提高学生的语文理解水平和表达能力。

在深度学习的基础上,通过指导学生用其自己的语言对文本的内容和意义进行解读,鼓励学生进行交流和讨论,同时教师可以在讲解的过程中进行点评和指导,从而使学生的理解能力、表达能力、交流能力、思维素质等核心素质得到有效的提高。学生在这个过程中可以逐步发现自己的不足,提升对学习内容的理解，促进综合素养的提高。

（五）质疑

在学习过程中，"质疑"无疑是一个更高层次的学习环节，它表明学生已经不满足于被动地接受知识，而是开始积极地思考、探索和提出疑问。质疑是思维的火花，是创新的源泉，是推动认知发展的动力。在高中语文教学中，培养学生的质疑精神和批判能力，对提升其核心素养至关重要。

1. 提出具有批判性的问题

在传统的教学方式下，学生只会不假思索地接受教师所传授的知识和观念，而很少去思考这些知识的正确性。但是，当深度学习深入时，学生需要更多的质疑。"质疑"并非仅仅对已有的认识与看法进行否定，它更多的是对已有的认识与看法的探究与确认。在教学过程中，要营造一种轻松、自由的学习氛围，让学生敢于提问，敢于表达自己的观点，这样才能培养学生的问题意识。比如，教师可以有意地给学生设置"陷阱"，让他们自己去发现、去思考、去提问。在此基础上，教师要引导学生对已有的观点、结论进行反思与评价，从而促进其批判思维的发展。

2. 引导学生深入挖掘难题

中学语文教科书蕴含着丰厚的文化内涵和深厚的哲学意蕴。课本中的难点、争议点都是学生进行深入思考和提问的好机会。在此基础上，通过对问题的研究与论证，引导学生发现问题、提出问题、尝试解决问题。比如，在阅读文言文时，教师可以让学生针对文本中的几个难以理解或争论的部分，做进一步的分析与探索。查阅资料、咨询同学、合作分析、探讨学习内容等方法，不仅可以帮助学生更好地了解文章的内容，而且还可以锻炼他们的独立思维和解决问题的能力。

3. 课堂活动形成知识认识

课堂辩论和探究性学习是培养学生创造性思维和解决问题的能力的重要途径。在课堂上，学生可以围绕某个主题或观点展开热烈的讨论和辩论，锻炼自己的语言表达和逻辑推理能力。通过辩论，学生学会从多个角度审视问题并进行分析。探究活动则具有更强的开放性和自主性。它要求学生针对某个特定课题或问题进行深入的探究，通过查阅资料、实地考察、采访专家等方式收集证据和资料，并尝试提出自己的见解和解决方案，这样既能提升学生的自主学习能力，又能增强他们的实践应用能力和问题解决能力。

通过培养学生的质疑精神和批判能力，引导他们深入探究和验证课文中的疑点和难点，并通过课堂辩论、研究性学习等方式提升他们的创造性思维和解决问题的能力，从而切实提高学生的核心素养和综合素质。这些能力和素质的提升不仅有助于学生在当前学业上取得更好的成绩和发展，而且将对他们未来的学习和生活产生深远的影响。

第三章

高中语文深度学习的实施策略

第一节 教师怎样实施高中语文深度学习

一、深度学习目标：指向核心素养

（一）核心素养培育

在深度学习的视野下，高中语文教学已不局限于知识的灌输和技能的培养，而是更加注重学生思维能力、审美鉴赏能力、文化传承能力等核心素养的培养。要在深度学习中有效培养学生的核心素养，必须明确其具体内涵及目标要求。

1. 语言的构建和运用

高中语文学习旨在提高学生的语言表达能力和沟通能力。学生需要通过学习阅读文学作品、写作，以及参与讨论和演讲等活动来提升自己的口头表达和书面表达能力。他们需要学会正确使用词汇、语法和修辞手法，以及运用恰当的语言形式与他人进行有效沟通。此外,学生还要学习如何分析语言的特点,探索语言的表达方式与文化背景之间的关系,从而加深对语言的理解和运用。在深度学习的过程中,可以帮助学生积累丰富的语言材料,掌握语言运用的规律,形成个体的言语经验,并能在具体语境中准确、高效地运用语言进行交流。

2. 思维的发展和提升

高中语文学习需要培养学生的文学素养。学生要学会欣赏文学作品,理解作品背后的情感、思想和文化内涵。[1] 他们需要学习文学知识,如文学流派、文学史和文学批评理论等,来提高对文学作品的理解和评价能力。通过学习文学作品,学生可以培养自己的审美情趣、感受不同文化背景下的人文关怀,并开阔自己的思想视野。通过文本的解读、问题的探究等活动,教师可引导学生在学习中学会独立思考、辩证分析,并在此基础上进行批判性思考和创造性表达。

3. 审美的鉴赏和创造

审美鉴赏是通过对文学作品的感受、分析和评价,培养学生的审美能力;而创造则是将这种能力转化为自己的表达方式和语言文字,创造出新的文学作品。这对于提升学生的文化品位和人文素养具有重要意义,并能使其对多元文化现象做出正确的价值判断和选择。

---

[1] 陈夏燕. 如何在文学作品教学中培养学生的理解和鉴赏能力 [J]. 语文天地, 2012 (24): 10-11.

4. 文化的传承和理解

文化传承是指把中华优秀传统文化中的思想、道德、礼仪、美学、历史等传承和弘扬给后人。文化理解是指学生能够理解、尊重和包容多元文化，形成开放包容的国际视野。[1] 通过深度学习，使学生了解中华文化的博大精深，认同并继承中华文化的优良传统。同时，通过学习不同文化背景的作品，引导学生以开放的心态接纳多元文化，发展其国际化视野和跨文化交流能力。

在深度学习的过程中，教师应充分考虑学生的个体差异和学习需求，灵活运用各种教学策略和方法，引导学生主动参与、积极探究，让他们在掌握知识和技能的同时，不断提升自身的核心素养。同时，学校和社会也应创造有利的环境和条件，共同促进学生的全面发展。

(二) 深度学习融入

随着教学改革的推进，"深度学习"这一概念越来越受到教育工作者的重视。深度学习强调学生的主动探索、批判性思维和将知识与实际生活相联系的能力，这与高中语文教育的目标高度契合。因此，在高中语文教学中融入深度学习的理念，对于提升学生核心素养具有十分重要的意义。

---

[1] 焦智捷. 文化传承与理解视阈下的初中古诗文教学研究 [D]. 长春：东北师范大学，2021.

1. 帮助深度目标构建

要将深度学习应用于中学语文课堂，首先要弄清深度学习的含义与特点。深度学习强调对知识的深刻理解与运用，通过自主学习、协作探究等方法，主动构建自己的知识系统，把所学到的知识运用到现实生活中去，解决现实中的实际问题。将深度学习应用于中学语文教学，需要从教学内容、教学方式、教学评估三个层面进行。

例如，在阅读经典名著时，引导学生感受人类社会的复杂性和多样性，培养其同理心和人文关怀。在教学方法上，应体现学生的主体地位，通过自主学习、小组合作等多种形式，鼓励学生积极参与教学活动。教师可以设置具有挑战性和开放性的问题，激发学生的探究欲望，使其在解决问题中提升思维和创造力。在教学评价上，应采用多样化的评价方式，既注重过程性评价，又关注表现性评价，以全面反映学生的学习成果和核心素养的发展情况。

2. 提出深度问题指向

在深度学习的过程中，学生需要不断提出问题、进行反思和探究，从而形成独立的观点和判断。首先，这种思维方式能够使学生在面对复杂多变的社会环境时做出明智的选择；其次，深度学习能够促进学生创造力的提升。在解决问题的过程中，学生需要将所学知识应用于创新思维和实践之中，以寻求新的解决方案和途径。培养学生的创造力对其未来的发展和就业具有十分重要的作用。此外，深度学习还能够增强学生的团队协作和沟通能力。通过小组合作学习、共同解决问题等方式，学生可以提升团队协作精神和沟通技巧。这种精神对于当代学生社交和人际交往等方面都具有十分重要的意义。

3. 开展深度目标设计

在制定教学目标的时候，教师要把学生的学习行为放在第一位，把知识、技能的学习同实际的运用联系起来，使学生在学习的过程中，能够深切地感受到语文课程的价值。与此同时，教师在深度学习的过程中，要掌握学生的基本能力，通过以低层次的目标向高层次的目标推进，对教学目标和学生目前的能力进行精确的了解，把学生的学习进程和教学目标进行有效的对接，从而使学生的学习动机得到充分的发挥。通过"学—思—练"的教学方式，使学生能够将学到的知识与技巧应用于实际中。另外，在课程设计中，要注意对学生思维素质的培养，还要注意与其他学科核心素养的整合和发展。在教学中，要确定学生的学习目的，启发学生进行深度思考，促进其思维层次的提高。

二、深度学习内容：围绕核心素养

（一）选择生活内容主题

在深度学习的环境下，高中语文教学应该把更多的注意力放到学生的生活中去，与学生的生活联系起来，从而引起他们强烈的兴趣。① 这样的课题既可以有效地提高学生的学习兴趣，又可以使他们的核心素养在学习中得到自然提高。

1. 生活主题融入

为了充分发挥学生的潜力和智力，让他们积极地投入日常的阅读，可以采用小组协作的方式。以班级为基础，以学生为单位进行分组，每组学生数量一般为4~8人，以保证学生之间的有效合作、优势互补。针对不同层次的学生，设计符合学生思维发展的、层次递进的语文活动任务。例如，在教学中引入阅读知识竞赛、主题辩论、课本剧表演、课文朗诵、阅读游戏等，按照他们的活动形式和重点，将生活情景和生活内容融入课堂教学中，允许他们按照自己的阅读兴趣和小组特征来选择，给他们更多参与和实践的机会。

同时，我们还应该打破语文阅读课的障碍，为学生设计一种联系课内课外、具有生活特征的阅读内容。在教学过程中，教师要根据学生的实际情况，对学生进行合理的阅读设计，并对其进行分析、讨论、规划、设计和组织。可以让学生去学校、社区、城市、大自然中进行调查，获取更多的生活资料和信息，也可以和团队中的其他同学一起，挑选出一些有自己生活特点的好作品，以小组形式进行多样的阅读，并有针对性地撰写书评、创作生活作品、改编课本剧、扩大阅读材料等，促

---

① 于瑛.基于深度学习的初中语文教学策略研究[J].文渊（高中版），2019（7）：665.

进学习效果的提高。

2. 社会主题融入

在语文教学中，社会热点问题是语文表达的重要内容，其不仅表现了时代的主流思想，也能够帮助学生分析社会发展中的思想变迁，培育学生的社会意识。例如，在平时的课堂练笔中，我们可以结合教材从"社会主义核心价值观"十二个角度去设置题目，借助以读促写使学生的社会主义核心价值观往深里走、往心里走、往实里走。例如，必修上册第二单元人物皆为"感动中国人物"，从这一共同点出发，要求学生仿照课文以通讯的形式写一名熟悉的校长或教师，向校刊《感动就在身边》栏目投稿。这一写作训练巧妙融入社会主义核心价值观教育，启发学生思考：在富强、民主、文明、和谐的国家里，我们应具备哪些品德？帮助学生在深度学习中培育核心素养，促进整体教育效果的提高。

(二) 挖掘教材活动要素

1. 培育学生兴趣

在课堂中设计情境化的学习任务。在学生的实际生活中设置一些与之相关的学习任务，例如，展开辩论、进行小组演讲等。通过这些任务，使学生能够在实际生活中感受到语文知识的应用，并激发学生的学习兴趣与动力。例如，苏轼的《记承天寺夜游》一文，通过"夜游"和"月夜"的描绘，让学生利用画作的方式来进行表达。在这个过程中可以帮助学生描绘出景色内容,同时也可以通过音乐、图画等场景想象来体会作者的心情,从而更好地理解作品内容。同时,教师应充分发掘教材中的活动因素,设计具有探究性的问题,引导学生独立地发现问题、分析问题和解决问题。

2. 触动学生情感

在诗意的语文课堂上,首先,教师应运用富有感染力的语言,描绘生动的画面,引导学生深入文本世界,透彻理解课文的深层含义和作者的写作意图。例如,《沁园春·长沙》教学活动中,教师以"走近伟人"为主题,引导学生复习毛泽东的《沁园春·雪》《忆秦娥·娄山关》这两首词,从而让学生通过学习毛泽东的多篇诗词加深对伟人的了解,打破文本与心理的隔阂,促使学生带着认知去理解诗词中毛泽东青年时的豪迈昂扬。这样一来,大部分学生对诗人以统一天下为己任的远大理想的认识和了解更加深入。其次,从上片所描述的自然和谐生态图中,带出当时动乱的时代背景。这让学生深刻感悟到:要有这样和谐的社会生态,意味着一旦出现不和谐的社会生态,我们就一定要进行变革,以建立一个保持自然与社会生态均衡发展的生态体系。最后,由"万类霜天竞自由"延伸到"民族复兴梦",并用社会主义核心价值观中的"和谐、自由、爱国"思想来进行阐述:当时的毛泽东正是在这片广袤大地上"自由"地驰骋,才能带领全国人民推翻旧世界,建设绚丽多姿、生机盎然的新中国。这样自然地过渡到对学生的社会主义核心价值观的教育，增强了学生传承伟人精神的自觉性，帮助学生促进情感发育。

3. 帮助理解知识

在高中语文课堂上，教师要对学生进行适当的引导，帮助他们在获取知识的同时，提高语文核心素养。这就要求教师在教学过程中，要让学生对所学的知识有深入的理解。例如，在教学《孔雀东南飞》时，虽然有些学生可能认为刘兰芝与焦仲卿的故事情节简单易懂，但实际上其中蕴含着深刻的内涵。此时，教师应引导学生深入挖掘故事的深层含义，分析作品的内容和角色特点，以便更好地理解作品的意义。这样，学生在学习过程中既能通过理解课文内容达到深层学习效果，又能有效提升语文核心素养。

(三) 整合语文教学资源

在构建基于深度学习的高中语文课堂教学模式时，强调对各类教学资源的有效整合，以提供丰富多样的学习内容和方法，支撑学生的深度学习并提升其核心素养。[①] 语文作为一门综合性学科，与其他学科和领域有着紧密的联系。因此，跨学科、跨领域资源的整合显得尤为重要，通过多学科、多专业的教学资源的有机融合，教师可以打破学科壁垒，开阔学生的知识视野，提升语文教学的深度，丰富教学活动和教学内容。

---

① 李耀辉. 指向"深度学习"的高中语文课堂教学问题策略 [J]. 读与写（上旬），2020 (4)：2.

1. 挖掘多元学科资源

在实施教学资源整合的过程中，教师首先对教材内容进行梳理，深入挖掘教材内涵，寻找与其他学科和领域的联系点。在此基础上，教师通过收集相关资料、设计主题活动等方式，将校内外各类有用的资源进行整合。在资源整合过程中，我们需要注重资源的适宜性和有效性，确保所整合的资源能够真正为学生的深度学习和核心素养提升服务。

2. 创设条件整合资源

高中语文学科，内容繁多，古今中外文化名人的文章，语文书中都有节选。语文老师要有意识地向学生介绍一些文人的乐学故事，激励学生以名人为榜样，乐学语文。在课堂教学中要激励学生思想豁达，借助语文课本资源，从多方面激活学生乐学的思想，在这个过程中利用辩论赛、故事评比等不同活动对学习资源进行有效整合，以促进学生的深度学习，提升其核心素养。

在整合语文教学资源的过程中，教师需要不断提升自身的专业素养和整合能力，以便更好地为学生的全面发展提供支持。同时，学生也应积极参与资源的整合和利用过程，发挥主体作用，实现自我发展和提升。

三、深度学习过程：走向深度学习

(一) 引导学生主动学习过程

要引导学生主动学习，首先需更新对师生角色的认识。传统观念中，教师处于主导地位，学生则被动接受，这种"师道尊严"的观念虽深植人心，却常导致师生关系僵化，不利于教育的进行。高中学生正处于从青少年向成人过渡的关键期，他们的逻辑思维和认知能力逐渐成熟，自信与自尊日益增强，他们期望被周围的人尊重。正如郭华所强调，深度学习的核心在于确认学生的主体位置，教师应深入理解"学生主体"的含义，指导学生成为教学活动的中心。① 新型师生关系基于相互尊重与平等。从学生的需要出发，教师应尊重学生的个性，体现对学生的关爱与理解，同时，以高标准严格要求学生，体现尊重的深意。如安东·谢苗诺维奇马卡连柯（Антон Семёнович Макаренко）所言："对个人的最高要求与尊重应当并重。"在被尊重和关爱的环境中，学生更愿意投入学习，与教师进行深入交流，这种平等自由的讨论氛围有助于知识与情感的共鸣，增强学生对语文学科的积极情感。

创建积极的课堂氛围至关重要。高中阶段学业压力较大，导致课堂气氛可能显得沉闷。理想的课堂应让学生能自由表达

---

① 郗希娟. 叶圣陶"教是为了达到不需要教"之语文教育思想研究 [D]. 西安：陕西师范大学，2011.

自己的思想和情感，同时保持适度的控制。教师应巧妙地引导学生积极参与，激发学生的好奇心和学习动机，为学生提供宽松的交流空间，使课堂成为学生能积极发声的场所。

教师自身素养的提升不容忽视，教师的个人魅力对学生有着深远的影响。作为知识的传递者，教师不应仅依赖教辅材料或集体备课。叶圣陶先生提倡："教语文的最高境界是达到'无需教授'的状态。"因此，教师需不断提高自我素质，广泛阅读，深化知识储备，以自信和魅力充实自己，从而在教学中自如引导，激发学生的学习兴趣和爱好。

（二）创设深度学习教学情境

教师要立足语文教材，根据教学目标，结合学生的身心发展特点，创设真实的问题情境。[①] 真实的问题情境不仅能激发学生的学习兴趣，还能丰富学生的生活体验。语文作为一门实践性强的课程，强调培养学生的语言文字运用能力，注重语文实践活动。因此，深度学习教学立足学生的真实学习需求，将学生置于真实的生活情境和实践活动中，构建学生与生活经验、言语认知之间的联系，使学生能够将知识经验迁移到真实生活中。情境和任务是密不可分的，在深度学习教学中，学习任务贯穿整个教学过程，而学习任务又分为许多个子任务，这些子任务承担各自的使命，由浅入深、由易到难地引导学生进

[①] 李耀辉. 指向"深度学习"的高中语文课堂教学问题策略［J］. 读与写（上旬），2020（4）：2.

入深层学习。以高中部编版语文必修下册的第六单元为例，该单元的主题是"观社会现实，品人间世相"，属于"文学阅读与写作"任务群。根据《高中语文课程标准（2017年版2020年修订）》的要求，本任务群旨在引导学生阅读古今中外诗歌、散文、小说、剧本等不同体裁的优秀文学作品（本单元5篇皆为小说体裁），使学生在感受形象、品味语言、体验情感的过程中提升文学欣赏能力，并尝试文学写作，撰写文学评论，借以提高审美鉴赏能力和表达交流能力。基于这样的认识，可以创设如下教学情境："想象你已经是一名作家，你的梦想是通过文字描绘生命，创造出令人难忘的故事和角色。现在，请你构思并书写一个故事，让你心中的主人公跃然纸上。"在这样的情境中，教师可以让学生扮演作家的角色，通过写作任务来锻炼他们的文学创作能力，并组织作品交流会，促进学生间的互动，从而在实践中提高他们的语言运用和创作技能。

此外，教师还应将教学内容与学生的个人经历相结合，创设情境让学生能够将个人感受与文本内容连接起来。首先，教师可以创设课本和生活连接的情境，引导学生将教科书内容与自己的生活实际相结合，例如，史铁生的《我与地坛》，高中生对作者的思想情感仅停留在肤浅的认知层面，于是教师引导学生思考"如果你是史铁生，那你的生活会是什么样？心情会有什么样的变化？"通过对这些问题的思考，使学生深刻体会到史铁生伟大而深沉的思想情感。其次，教师需要增加语文实践活动，例如，在即将到来的读书日，学生为了迎接阅读日，要求分享一本书及推荐此书的理由，或者以海报的形式让学生充分发挥创造力推荐喜欢的书籍。最后，创设问题探究式情境，教师将课程标准、文章内容、教学目标、重难点转化为问题的形式，将问题置于一定的情境中，激起学生的兴趣，激发学生学习的主动性。

（三）运用现代化的学习方法

在深度学习的过程中，采用现代化学习方法尤为重要，其中问题支架的构建在教学活动中起着至关重要的作用。以古诗文为例来说，古诗文结构复杂、内容深邃，通过支架法显得尤为必要。学生在学习这些文学作品时常感困惑，难以把握诗文的逻辑和结构，这不仅增加了记忆的负担，也影响了知识的系统性理解。教师在教学中的关键任务是引导学生深入分析和理解文本，帮助他们建立起清晰的知识框架，从而实现知识的深度整合和长期记忆。通过精心设计的问题支架，可以引导学生从不同层面理解和分析文本，逐步深入到文学作品的核心。

1. 问题支架——策略性问题引导学习

古诗词具有内容晦涩复杂的特点，句与句之间看似独立，但实则暗藏玄机，对语文教学活动的开展提出了一定的挑战。学生在学习古诗词时，常出现对文本的逻辑梳理不清晰，找不到诗篇内容的逻辑而学习困难的情况，加大了学生对古诗词背诵记忆的难度，进而导致学生文本学习知识点零碎化、知识结构碎片化。对教师而言，带领学生透彻地分析文本内容，厘清文本内在的隐藏线索十分重要。只有学生对文章的行文逻辑明了于心，才能真正对知识进行深度加工，形成长时记忆，将知识点连点成面，构建起完整的知识系统，达到深度学习的效果。古诗词的教学过程离不开教师对教学问题的设计，对古诗词文本进行问题活动设计，搭建问题支架，可使学生脱离古诗词文本内容丰富，难以深入学习的困境；明晰作者的写作思路，对于长篇古诗词的教学具有重要作用；在教学活动中搭建起富有梯度与结构化的问题支架，能够帮助学生疏通文义，分解文章层次，在细化内容的学习之前对诗文的整体框架结构建立系统而完整的清晰认识。问题支架的搭建并非随意、混乱、无逻辑的，而应该是教师基于学情与教材分析，对教学活动进行科学的安排，搭建起目标明确，富有梯度与逻辑性的问题支架。

首先，问题支架应当是以学生为主体，符合学生最近发展区的支架。如有影响学生学习的空白知识点，应当在课前及时进行知识拓展，以便学生在教学活动中对问题支架进行有效利用。例如，在教授《琵琶行》一文时，最后一段有关作者白居易的职位称号"江州司马"，学生在初读文章会对此感到好奇，教师应当在导学单中及时补充古代官职的名称，以便学生更好地理解文意。同时可加入韩愈所作《左迁至蓝关示侄孙湘》中学过的官位变动，基于学生已有知识，通过问题对比，使新旧知识在问题下建立联系，帮助学生理解文意，以便学生在理解文意的基础上划分文章层次结构。

在解决文意理解的基础上，教师通过对学生层层问题支架的引导，使学生明晰作者行文思路，厘清文章层次结构，以便进行下一步的细化理解。同时，教师要注意问题支架的应用对象以及及时撤离支架，划分诗词的内容层次对高中学生而言是符合其智力发展现状的，因此教师要在问题支架搭建后放手让学生去独立思考与探索，自主构建文章结构，以此锻炼学生的整合思维力与逻辑思维能力。同样在《琵琶行》的教学中，教师可以让学生通过多种方式自行探寻文章内在逻辑，每个学生的思维方式不同，在解析文章时也会有不同的切入角度。有的学生从琵琶女的角度出发，梳理歌女的人生历程以及文章发展的始末；有的学生则从作者的角度出发梳理文章整体的情感脉搏；除了整体脉络的梳理，还有部分梳理如对琵琶女歌声描述的感知梳理。问题支架是教学活动的辅助与学生新知识增长的嫁接点，教师在教学活动中可以利用其对学生进行点拨指导，生发出学生对文本深度学习的新起点。

其次，问题支架之间应当是围绕教学目标层层递进的，富有内在逻辑。教师在搭建问题支架引领学生划分文章结构时应围绕主题不偏离，不让细碎的小知识点影响整个问题支架活动系统的运行。整个问题支架体系应当按照文章的内在逻辑建立，具有严谨性与梯度差，由于古诗词文章的难度较大，尤其是长篇古诗词结构常常是环环相扣，因此教师在设计问题支架时，也要根据诗词特点，精心设计富有认知性、能力性与情感性的问题链，按照由易到难、由简到繁、由浅入深的顺序设计教学过程，符合学生认知内在逻辑与文章内容发展顺序。学生对问题的解决过程亦是学生对文章整体把握的过程。以白居易的《琵琶行》为例，教师在搭建问题支架时可以一"情"字作为问题支架链，抛出"请同学们概括文章段落大意"到"请同学们在概括文章大意的基础上，探寻作者表达了什么情？"，进而抛出"思考这些情感之间是如何层层推进的？"最后撤去问题支架，通过一系列问题，搭建起学生理解本诗的内在情感生发线索，厘清文章结构，培养学生对文章的深度学习能力。通过运用问题支架，使繁重的诗文层次变得清晰，教学过程符合学生认知发展的规律，在环环相扣的问题中使学生思维能力、认知能力都获得了螺旋式上升的发展。

2. 情境支架——模拟情境以增进理解

古诗词具有语言精练、情感含蓄、文化深厚的特点，作者常以丰富的意象穿插到诗词的内容中，再通过意象之间建立连接，构建起情貌万千的意境，以此奠定整篇文章的或阴沉或哀愁或豪放等不同的整体情感基调。据此，在古诗词课堂上搭建情景支架、对古诗词的意象进行分析，是促进教学深入、消除作者与读者分界的重要方法。意象是情景交融的产物，中国文人常用意象来表达自己内在丰富的思想情感与精神抱负。意象背后的含义并非单一化的，一个意象的背后在不同情境下具有不同的代表含义。例如，"月亮"这一意象既有"思乡"之意，又有"孤独"与"失意"之意；又如"猿声"这一意象，既有《梦游天姥吟留别》中"谢公宿处今尚在，渌水荡漾清猿啼"的平静超脱之情，又有《登高》中"风急天高猿啸哀，渚清沙白鸟飞回"的愁苦悲凉之意，还有刘禹锡笔下"奋发进取，勇于向上"的乐观之感。因此，在教学过程中，教师除了引导学生进行单个的意象分析，更要着眼整体，对诗文整体意象形成的整体情境进行把握。

通过搭建情景支架，学生既能在作者设置的层层意象中置身诗景，又能在教师的指导下在头脑中构建起完整深刻的诗词的意境，帮助学生缘景明情。意象是古诗词构成的基础，高中古诗词常见的意象有自然意象与人事意象。自然意象常与自然之物的变化带给人的直接感受相关，搭建情景支架对自然景物意象的教学具有辅助作用。如在高中古诗词中常见的"秋"这一意象，其原型意义离不开古人对时节的感知。在教学过程中，教师可结合学生实际的生活经验，让学生说出秋季有什么特征，如天气变凉、草木消逝、温度降低等切身之感；再通过学生所描述的特性搭建情景支架，整合学生口中的秋日景象；进而撤去支架，让学生进行情景深入创作，主动生发出秋这一自然意象带给学生最直观的感受，以理解古人口中为何会有"悲秋"之感。语言的输入与输出应互为起点，通过层层情景支架的搭建，学生从教师的语言输出中自主搭建起有关"秋"这一时节的感受，再在情境中进行深度思考，从中输出自己对秋日意象的意义构建，通过体验与创作达到对意象的深度理解与省知。

与自然意象不同的是，人事意象在原型创作上常融合作者的一些经历，因此在教学过程中教师可以根据一定的历史知识与学生切身体验，通过激发学生的"期待视野"，触发学生的真实感受去理解意象。如教学"舟"这一意象时，古人将行舟作为一种重要的交通工具，便于远行。因此，鉴于船作为交通工具的这一特征，行舟亦是行旅，代表着离开原住地去往他乡，小小扁舟常常见证着作者的喜怒哀愁，代表着世间的归来远去之人。在搭建情境支架时，教师可以循循善诱，询问学生"从之前学过的什么古诗中可以看出古人出行的工具有哪些？"以搭建起学生有关出行的知识支架，再问学生"是否有过离家的经历？当时有何感受？"以触发学生真实的生活经历，进而层层引导，让学生带入情感，描述"离家时自己看到的景物风光如何"，通过层层情境支架的搭建，学生可以结合真实体验感受古人赋予"舟"这一意象的深层情感意义，达到深度学习的效果。

古诗词意境的解读建立在多个意象的分析之上，因此，在古诗词教学过程中师生不仅要对单个的古诗词意象进行教学与吸收，更要由点到面，立足诗文整体去分析意象的真正含义以及诗文整体的风格基调。以《登高》教学为例，首联"风急天高猿啸哀，渚清沙白鸟飞回"，一联六景，分别从"风、天、猿啸、渚、沙、鸟"入手，字字精对。在此处，教师可在教学过程中根据诗句中提到的意象带领学生搭建情境支架。教师可充分利用学生的想象思维能力，带领学生理解诗句中所描述的六景。诗人所在的地处三峡之首的瞿塘峡，向来以风急为特点，而且作者直点其一"哀"字，直抒"猿啸"所代表的意象，尽无李白《梦游天姥吟留别》中"猿啸"所具安静祥和之意。后句中"渚"是水中的小块陆地，其中沙子尽是一片白色，鸥鹭在河洲、沙岸低空回翔，整个画面感情调十足。而后，教师可根据学生描述的景象，配合多媒体播放文章首联提及之声，如风声、猿哀啼、鸟的飞旋之声，让学生闭上眼睛，想象这一画面。在学生充分感受文章所描述的情境后，再及时撤去支架，请学生将画面用书面文字描写出来，使学生对首联描绘的景象在头脑中进行充分建构，感受作者用寥寥几笔所勾画出的萧索凄寒之意境。

3. 背景支架——深化背景知识以促进深度理解

作者常通过创作古诗词来表达内心的情感，即所谓"以诗言志"，因此，在古诗词教学过程中对作者的生平经历以及时代背景的学习十分重要。[1] 古诗词的文本学习如冰山效应，理

---

[1] 张新，陈淑丽．情境教学在古诗词教学中的应用[J]．语文教学与研究，2014 (29): 74.

解文本内容只是学习的第一步，而在充分理解作者的写作背景以及人物的经历后，则能够更好地运用文本内容，唤醒学生对于作者和作品的深度理解。因此，对古诗词进行深度学习，离不开对学生学习过程中背景支架的搭建。通过搭建背景支架，学生在进入文本前对文本的诞生奠定基础，从更高、更全面的角度触碰诗文的核心要点，以更广阔的视角对古诗词进行深度学习。在搭建古诗词教学背景支架之际，教师可从促进学生基础文本理解出发，使学生学会知人论世，深入作者世界，促进学生文学素养的提升，进而增强古诗词教学的整体效能。

在新文本教学之前搭建背景支架符合奥苏泊尔提出的"先行组织者策略"，有利于学生奠定文本解读的基础，在学习时理解作者因何而写，只有学生接受诗作的创作背景，才是真正进入知识学习的开始，也是进行深度学习的开始。因此，在文章教学前为学生搭建背景支架，有利于学生在学习前与作者进行深微密切的交流，从作者角度出发，感受作者的情绪，理解作者的情感。

以苏轼《赤壁赋》（部编版高中语文必修上册）教学为例，苏轼经历丰富，屡遭贬谪又绝处逢生，因此在不同阶段所写诗词风格与内容大有不同。《赤壁赋》看似只是描写作者被贬黄州后游览黄州赤鼻矶的所见所闻，实则暗含作者对自己人生经历与当下困境的态度与反思。如果没有背景支架的支撑，学生对整篇文章的理解只能停留在自然的描绘上，无法感知作者"主客问答"中所蕴含的深层含义。当时的苏轼经历了"乌台诗案",不是简单的官场失意,被贬后的苏轼虽为黄州团练副使,但无实权、无俸禄,甚至没有一个安稳的住处,整日提心吊胆,空有官职,被要求"本州安置,不得签书公事"[①],在这种生存环境下,苏轼所面临的是官场上的狂风暴雨。因此,在本诗学习前,学生虽通过之前对《破阵子·为陈同甫赋壮词以寄之》的学习,了解作者经历了"乌台诗案",但对作者的真实生活境遇不甚了解,在学习过程中搭建起背景支架,有利于学生深切地感知苏轼所面临的人生困境。而后,教师可通过同一背景支架下作者的词作进行对比,如《卜算子·黄州定慧院寓居作》,这首词是苏轼刚到黄州时所做,从这首词出发,让学生去理解苏轼当时的惶恐不安与"有恨无人省"的心理状态,通过搭建作者心态转变的背景支架,让学生更加深入地理解《赤壁赋》中苏轼那种"变与不变"的豁达状态。

搭建背景支架在为学生建立知识学习奠基的同时,也是学生对文本内容进行深层理解,学会知人论世,进入深度学习领域的开始。所谓知人论世,包括"知人"与"论世"两部分,"知人"是对作者的家世背景、成长经历、政治遭遇、品性学识的了解;而"论世"则是透过史书与作者的作品对话,包括作者具有的价值观、世界观、哲学观,以及作者所处的时代背

---

① 参见苏轼《谢量移汝州表》。

景、文化思想等。因此，搭建背景支架为学生古诗词的学习提供宏大的社会背景与文化背景，使学生超越对文本的浅层学习，从知识、情感层面延伸到作者由于人生经历和所处时代特点生发的文化思想，使学生将文章的创作与深层哲学意蕴通过词作串联起来，达到对话文本、对话作者的深度学习。例如，在学习李煜的《虞美人·春花秋月何时了》一词中，搭建起背景支架对于学生理解李煜作为君王前半生的醉生梦死与亡国之后的反省之意具有重要的催化作用。词的上阕伤今忆昔，首句"春花秋月何时了？往事知多少！"中的景物"春花秋月"看似写景，实则是在以景物感慨时光流逝。春花明丽，秋月朗朗，一片美好安然的景象却接上了"何时了"的叹息，以乐景衬哀情，作者面对如此美景却心不在焉，反而引起了更大的烦怨。背景支架下，学生可透过意象理解在此时的李煜从一国之君沦为阶下囚，再美的景象不过是加深了对他无休止囚犯生活的折磨。后句"往事知多少！"饱含他对往日生活的怀想与追忆，当初身为帝王至尊，整日风花雪月，享尽人间富贵。正如同李煜的人生多重角色，后句"知多少"一语双关，既有李煜对自己前半生天真烂漫生活的回忆，又有他在后半生承载亡国之痛的愧疚与哀伤。短短两句词，却道尽了李煜生命中无尽的缠绵叹惋。在学习此词时，搭建背景支架可以使学生跨过文本，迈过表面的"春花秋月"，走入李煜的世界，在背景支架下，教师可引导学生透过本词深入学习李煜对生命感伤的抒发，窥探这位"将伶工之词变士大夫之词"的"革命者"的美学世界，进而提升学生学习古诗词的深度，实现课堂生成。而借助李煜背景支架不仅能帮助学生理解身为诗人的李煜与其作品，还能借助诗人及其作品搭建起学生与宋词之间的桥梁，去深入学习那个时代的文人们对于复杂生命经验的文学性安排与处理。

四、深度学习评价：指向核心素养

（一）建立多元化评价体系

深度学习的评价体系旨在全面反映学生的核心素养发展，故而必须超越传统的单一评价模式，融入多元化的评价方法。这种评价体系结合了诊断性评价、形成性评价与终结性评价，旨在从多维度全面捕捉学生的学习进展和核心素养的提升。

除了常规的试卷测试，教师可以引入小组讨论、现场观察、自我反思等多样化评价方式，以此鼓励学生从不同角度审视自己的学习过程和成果。这样的评价策略不仅要求教师从传统的评分者转变为观察者、指导者，还要求他们成为学生学习过程中的协助者。

在大单元教学中，多样化的评价工具至关重要。例如，评价量规是一种有效的工具，它通过表格形式量化学生的学习表现。在这种量规中，不同的学习任务被明确列出，学生的完成度和效果被具体化为不同的表现等级，如优秀、合格、需改进等，以便教师根据学生的实际表现进行动态评估和及时反馈。

此外，学习档案的使用为学生提供了一种综合性的评价方式。通过收集学生在学习过程中的多种材料——包括读书笔记、研究报告、个人日记、演讲文稿、项目照片等——教师可以构建每个学生的个性化学习档案。这些档案不仅为学生提供了一个展示自我成长和学习成果的平台，也为教师提供了一个全面了解和评价学生学习历程的窗口。

在建立多元化评价体系的过程中，教师还需注意评价的时效性和连续性，确保评价结果能够真实、准确地反映学生的学习状况。教师应通过持续的观察和评估，把握学生核心素养的发展趋势，从而为学生提供更有针对性的学习指导和支持。同时，多元评价体系的实施，可以促进教师的专业成长，提升教学策略的有效性，进而更好地服务于学生的深度学习。

（二）注重过程性评价内容

教师只有知道学生从哪里来，才能引导学生到哪里去。学生在进入一堂课之前绝不是一张白纸，学生在过去的生活和学习中已经掌握了一定程度的知识与经验，而且每位学生掌握的内容、深度不尽相同，针对每堂课，学生也有不同的疑问与困惑。所以教师在课程开始之前必须了解学生的先期知识，对学生的原有认知进行评价测量。通过课前评价，教师可以了解学生的学习水平以及疑难困惑，可以帮助教师设计"生本位"的教学目标和教学内容；学生可以通过教师设计的课前评价来审视自己的学习情况，激发学习内驱力，提高学习的热情与积极性。在过去的教学评价中，不管是学校、社会还是教师，更多关注的是学生进入课堂之后的教学过程评价以及教学结果评价，对教学过程的评价也基本停留在教师教得好不好、教师课堂活动设计等对教师的评价层面上，关注的是教师教了什么而不是学生学了什么；对教学结果的评价大多功利性地指向学生考试成绩的好坏。这种评价方式改变不了"教本位"的教学形式，学生的主体地位仍然被忽视。这种教学评价方式导致学生在进入课堂之前的学习状态的评价被教师忽视，教师不在乎学生从哪里来，只是一门心思地想带领学生去自己所预设的目的地，学生依旧是课堂当中被动的学习者。教师在设计教学目标和教学内容时，如果对学生的已有知识和经验缺少准确判断，就不知道学生已经学到什么程度以及还需要哪些帮助，容易造成重复教学和过度加深，教师蛮干苦干，学生兴趣索然。

在教学中，教师不能只关注课堂的 40 分钟，课堂前学生已有的知识、技能、情感等和课堂结束后学生掌握知识、技能、情感等的程度都需要教师的评价。在高中文言文课堂中，课前评价尤为重要。课前评价的有效实施，可以唤醒学生的先期知识，知道自己已经掌握的实词、虚词以及对文章的理解程度，并且发现自己的疑惑。通过课前评价，学生可以实现对自己学习情况的自我评价，学生的这种自我评价，又可以帮助学生自我调节学习过程，产生积极的学习动机。

艾瑞克·詹森（Eric Jensen）在其著作《深度学习的7种有力策略》[①] 提出的"预评估"可以帮助教师更好地围绕核心概念对学生进行课前评价。问题一："关于核心概念我知道些什么呢？"让学生思考自己对于核心概念的了解，使得学生主动调动先期知识，帮助学生利用现有知识联结新知识。问题二："我会如何定义核心概念呢？"学生在过去对核心概念可能是模糊的记忆、表层的理解，通过定义的方式，让学生将过去零散的、直觉的感受变成清晰的理解，而在定义的过程中，学生也会主动反思自己过往的学习经验，明白自己已到达的学习程度。问题三："学习之后我会有何不同？我可以改变什么呢？"课前评价可以帮助学生在课程开始之前为自己设置学习目标，而这个学习目标与教师所设计的教学目标是一致的，因为都是出于对核心概念的理解与掌握。只有当学生的学习目标和教师的教学目标一致时，学生才会真正地投入课堂，和教师同频共振，集中于学习过程。问题四："关于核心概念，我有哪些疑问呢？"学生课前通过预习，发现新课程中与自己过往经验的认知冲突，发现自己尚不能解决的问题，可以激发好奇心和学习内驱力。学生以课前评价的方式把问题反馈给教师，教师调整教学内容，关注学生的疑问点，使学生的疑问得到有效解答。

---

① 埃里克詹森，莉安尼克尔森. 新课堂学习译丛：深度学习7种深入持久学习的课堂策略［M］. 李璨，陈红美，译. 杭州：浙江教育出版社，2022.

(三) 反馈与指导相互结合

深度学习的效果评估需融合学生的自我反思与教师的专业指导。为了深化学习成果，学生需要自我反省学习过程和成果，同时，教师应采用科学的方法进行教学实践的反思，优化教学策略。教师应促进学生发展成为反思型学习者，教授他们如何进行有效反思，并引导他们实践多元反思策略，如个人独立反思与同伴间的协作反思等。

教师自身的教学反思也是促进学生深度学习的关键。具体到实践中，教师应采用多种反思方法，如编写教学日志、进行教学案例分析、参与教研组的交流讨论或实施微格教学法。此外，将教学反思纳入教师的职业发展和考核体系，可以激励教师更积极地参与反思实践，不断完善教学方法。

深度学习关注学生在学习过程中产生的学习变化，并以此为依据促进学生学习的进一步发展。所以教师实施深度学习教学，不能仅关注学生的学习结果，还要及时对学生的学习过程做出评价，以掌握学生的学习情况，指导学生提升学习能力和反思能力，促进学生的深度学习，最终实现学生的终身学习。所以教师使用过程性评价时，要在课程实施的始终对学生的学习、情感、效果等进行密切关注，并给予学生及时的反馈与建议，并且这种评价需要教师持续实施下去，不仅局限在课程的始终，为了更好地促进学生学习能力的提升，教师可以为学生提供持续性评价，在课程结束之后为学生提供不间断的评价反馈。过程性评价需要教师帮助学生肯定自己已经取得的成就，使学生获得成功感。"人总要有一种成功感，如果没有成功感，就很难坚持。"①

教师在课堂上对学生的反应、回答做出积极的反馈，让学生获得成功感，增长学生更深层思考的信心，激发学生的学习动力。②但这种反馈不应该是空洞的或是指向性模糊的"很好""很棒"这类评价语，而应该是指向性明确并能给出指导意见的评价反馈，比如"你能积极回答问题非常好，但是希望你下次能够再深思熟虑一些"，"你对问题的见解很独到，有自己的看法，那么你是在文本中哪里得到启发的?"。指向性明确的评价更容易让学生获得成功感，肯定自己已经做出的努力，同时也让学生对自己思维的过程进行反思，提高思维的参与度，加深思维深度，使得学生掌握学习的方式方法，看到自己所存在的不足，从而在下一次思考时主动规避错误，不断提高学习能力和反思能力。学生通过教师的不断评价自主掌握评价的基本方法，从而自觉在未来的生活实践中对自己进行评价，不断改进自己的方式方法，提高自己的能力水平，实现自身的可持续发展和终身学习。但教师在为学生提供成就感时要注意"成就感的成人化"。对学生而言，成就并不一定是一次成绩的跃升或是思维的突飞猛进，任何一点在原有基础上取得的进步

---

① 张笑恒.马云：人生要有大格局［M］.天津：天津人民出版社，2016.
② 姜立辉.学生成功感的激发和培养［J］.吉林教育，2015（16）：137.

都可以称之为成就，都需要教师做出积极的反应与回馈。过程性评价不再将评价的标准放在学生是否能够说出、写出教师预设的标准答案，而更关注学生在回答之前的思维过程。教师通过对学生思维过程的分析与推理，发现学生在思考的过程中所表现出来的能力缺陷和思维漏洞；通过恰当的教学方式，如追问、练习等帮助学生进步；通过学生反馈的信息进行自我评价，反思自己上课的不足，及时调整教学内容和教学方式，提高教学质量。

五、深度学习结果：促进学生发展

（一）唤醒学习动机

深度学习将学习环境、学生的认知、情感与行为紧密结合，形成一种全面的学习经验。此学习方式不仅将知识与技能应用于具体的任务情境中，还将学习过程与学生的个人生活经验联系起来，创设接近现实生活的学习情境，缩短学生与学科内容的距离，提升他们对学习的情感投入和认知参与。通过为学生提供富有启发性和美感的体验，深度学习促使学生认识到美的存在并创造美，享受更加充实和积极的课堂体验。

在具体的实施过程中，深度学习强调采用多种学习方式，如自主学习、合作学习、探究式学习等，使学生不仅获得书本知识，还能通过实践活动获得经验性学习，全面提升其学习能力，达到深度学习的最优效果。

深度学习不只是一种策略或方法,它更深层次地触及学生的内心,激发他们的内在学习动机。在深度学习中,学生变成主动探索、发现问题并解决问题的主体,这种主动性的转变对于激发学生的学习动机至关重要。

为了激发学生的内在学习动机,教师需要创造积极的学习氛围,提供必要的资源和环境,帮助学生揭示学习的意义和价值。通过设计具有挑战性的学习任务,教师可以让学生在解决实际问题的过程中获得成就感和学习的快乐。同时,教师应考虑学生的差异性,为每位学生提供个性化的学习支持,帮助他们在深度学习中实现个人潜能的最大化。

激发学习动机的方法多种多样。例如,通过构建问题情境,教师可以引发学生的兴趣和好奇心。在语文教学中,一个精心设计的故事或一幅美丽的画面可以作为课程的导入,让学生体验语文的魅力。多样化的教学策略,如使用多媒体技术、游戏化学习等,可以维持学生的兴趣和参与度。重要的是,教师应给予学生及时的、积极的反馈,让他们意识到自己的进步和价值,从而增强其内在的学习驱动力。

总的来说,深度学习通过创设具有吸引力的学习情境和多样化的教学活动,有效激发学生的学习动机,使他们在享受学习的过程中不断探索和成长。作为教师,探索和运用深度学习的原则和方法,为学生的全面发展提供支持,是我们的重要职责。

(二) 促进知识内化

新课标对语文学科的核心素养提出，要使学生"思维发展与提升"，其具体要求是"通过语言运用，获得直觉思维、形象思维、逻辑思维、辩证思维和创造思维的发展，促进深刻性、敏捷性、灵活性、批判性和独创性等思维品质的提升"[①]。语言是提升思维的工具，长期以来，语文教学一直不够重视学生思维的发展，更多的是让学生去理解记忆，继而直接应用知识来解决问题，少有批判反思的活动，导致学生不仅语言表达能力较弱，也很少有自己的创见。深度学习能够为大单元教学提供一个平台，从而推动学生的思维发展。因为与机械学习、被动接受学习不同，深度学习更强调学习者积极主动地接受知识，批判性地思考，为学习者提供运用思维的机会，让学习者理解知识形成的思维过程，批判地检视知识的运行逻辑，自觉地反思自己的学习过程。在深度学习中，学习者能够批判地吸收新的知识，并把这些新知识整合到自己的认识结构中，建立起与众多思想的连接，并通过各种思考活动，把这些新的知识转移到新的解决问题的环境中去。

(三) 发展创新能力

在现代教育环境中，学生的创新能力成为评价教育质量的关键指标之一。特别是在高中语文教育中，培养学生的创新能

---

① 普通高中语文课程标准（2017年版）[EB/OL]. 中国语文教育网，2018-07-31.

力不仅是践行教育理念的要求，也是适应社会发展的必然选择。高中语文深度学习的实践，旨在通过多维度的学习活动，激发学生的创新潜力，培育他们的独立思考和创新实践能力。

1. 培养批判性思维

高中语文深度学习强调学生对知识的深入挖掘和理解，鼓励学生超越表层的记忆和复述，探索文本背后的深层逻辑和意义。通过深入分析现当代散文或其他文学作品，学生学会从多维度解读文本，利用社会学、历史学、哲学等多学科知识，进行批判性思考，从而培养他们形成独到见解的能力。

2. 鼓励创新性表达

在语文教学中，创新性表达是学生个性和创造力的体现。教师应引导学生在吸收和理解传统知识的基础上，勇于探索新的表达方式和创作风格。通过多样化的写作任务和表达活动，学生可以尝试将自己的思想、情感以独特的形式表现出来，从而锻炼其创新性表达的能力。

3. 推动跨界知识的融合

深度学习倡导跨学科的知识整合与运用，高中语文教学可结合文学、艺术、历史等领域的知识，创设情境，让学生在多领域知识的碰撞和融合中，激发新的思考和创意。例如，通过分析文学作品中的历史背景或哲学思想，学生能够开阔视野，形成跨学科的思维模式，进而促进创新能力的提升。

4. 促进研究性学习

高中语文深度学习鼓励学生主动探索和研究未知领域。通过设计以研究为导向的学习项目,学生可以在寻找资料、整合信息、实地调研的过程中锻炼独立思考和问题解决能力。这种研究性学习不仅能够增强学生对知识的深层理解,也能够在实际操作中培养其创新和应用能力。

第二节　教师如何保障高中语文深度学习的实施

一、转变思想观念,提高自身素养

(一)以核心素养培育为导向

在新课标、新教材、新高考的"三新"背景下,高中语文教学最终指向学生语文核心素养的培养,为实现这一目标,高中语文教学方式、学习方式也应该进行相应的变革。高中语文教学不仅承载着知识传授的任务,还肩负着培养学生核心素养,为其全面发展打下坚实基础的重任。核心素养的培育要求教师从传统的教学模式转变为更加注重学生主体性、创新性和批判性的现代教学模式。这一转变意味着教师需要更新观念,提高自身素养,将教学焦点从单纯的知识传递转向能力培养和素养提升。

深度学习原是计算机领域的专业术语，指一种全新的机器学习方式，后来引申到教育领域之中，成为与浅层学习相对应的概念。浅层学习以对基础知识的识记为学习目标，而深度学习指向对知识的理解和应用。高中语文深度学习，既是对学习方法的改进与完善，也是对学生学习态度的引领。它对学生的语文学习提出了更高的要求。随着新课改的不断深入，高中阶段的语文教学也要与时俱进，在教学模式上进行不断改革。

1. 文学素养的培育

文学素养的培育不仅要求学生阅读和欣赏文学作品，还要求他们能够深入理解作品背后的文化背景、作者意图、艺术特色等。教师可以设计一系列的活动，如文学沙龙、作品解读、创意写作等，让学生在多元互动的环境中感受文学之美，激发其文学兴趣。

例如，教师可以组织学生阅读不同流派的文学作品，引导他们比较作品的风格特点，分析作者的创作手法，讨论作品的主题思想。此外，教师还可以鼓励学生尝试创作短篇小说、诗歌等，将自己的情感和想法融入文学创作中，从而培养学生的文学创新能力和审美能力。

2. 语言素养的提升

语文教学的核心在于语言能力的培养。高中阶段的学生已经具备较为扎实的语文基础，教师需要在此基础上进一步提升学生的语言表达能力、理解能力和应用能力。通过精心设计的听、说、读写活动，学生可以在实践中提高语言运用的灵活性和准确性。

在阅读教学中，教师不仅要引导学生理解文章的字面意思，还要教会他们如何通过语境、修辞等线索揭示文章的深层含义。在写作教学中，教师可以引入不同类型的写作模式，如记叙文、议论文、说明文等，让学生掌握多样的表达方式。

3. 文化素养的塑造

文化素养是连接过去与现在、个体与社会的桥梁。高中语文教学应深入挖掘课文中蕴含的文化内涵，引导学生理解和欣赏中华民族的历史文化和世界多元文化。通过对经典名著的学习，学生不仅能够了解不同时代的文化背景，还能形成跨文化的理解和尊重。

例如，教师可以利用中国传统节日、历史事件、文化符号等资源，设计相关的阅读和研究活动，让学生在学习语文的同时，加深对民族文化的认识和理解。通过对比中外文化差异，学生还可以培养国际视野和跨文化交际能力。

4. 思维素养的发展

思维素养是学生认识世界、解决问题的重要工具。高中语文教学应注重培养学生的逻辑思维、批判思维和创新思维。这要求教师在教学过程中设置问题情境，激发学生的好奇心和探究欲，引导他们独立思考、质疑现有观点、提出自己的见解。

例如，教师可以在讨论课文时提出开放性问题，鼓励学生从不同角度进行思考和辩论。通过案例分析、角色扮演等方式，学生可以在模拟的情境中锻炼思维能力，学会从多角度审视问题，形成自己独到的见解。

5. 教师角色的转变

在核心素养培育的过程中，教师的角色应由知识的传递者转变为引导者、激励者和协助者。教师应根据学生的兴趣和需求设计教学内容和活动，提供必要的资源和支持，帮助学生构建知识体系，发展个人能力。

高中语文的深度学习不仅是对知识的深层挖掘，还是对学生核心素养的全面培养。通过转变教学观念，提高自身素养，教师可以为学生创造丰富多彩的学习环境，激发他们的学习热情，促进其全面发展。

（二）以学生能力发展为目标

教师要根据学生的学情调整教学设计，充分考虑不同学生的基础状态、课堂效果、学习结果、性格特点等，落实因材施教。教师需在课前预想学生的语文基础情况，在课堂上根据学生的实际课堂表现进行合理调整，在课后通过作业情况确认学生的学情，做好记录，为下一次的教学设计提供基础。只有准确把握学情，才能使阅读教学事半功倍。总之，只有不断创新教学方式，摒弃教学过程的形式化，不断提高教师教学水平，才能增强学生的语文核心素养。

1. 自主学习能力的培养

自主学习能力是学生终身学习和个人成长的关键。高中阶段是学生发展自主学习能力的关键时期，教师需要创设合适的学习环境，提供必要的资源和指导，帮助学生建立有效的学习策略，培养学生的自我管理、自我监控和自我评价能力。

教师可以通过设计开放性的学习任务，鼓励学生设定学习目标、规划学习路径、执行学习计划，并进行反思和调整。例如，教师可以引导学生独立完成文学作品的阅读和分析，鼓励他们查找资料、整理笔记、撰写读书报告，以此锻炼学生的信息处理能力和文字表达能力。

2. 批判性思维能力的提升

批判性思维是指个体在明确问题、分析论据、评估证据、做出判断的过程中表现出来的高阶思维能力。在高中语文教学中，培养学生的批判性思维能力至关重要。教师可以通过讨论、辩论、案例分析等教学活动，引导学生深入探讨文本中的主题、观点和论证，鼓励学生提出不同的意见和观点，学会从多角度、多层面分析和评价问题。

例如，在学习现当代文学作品时，教师可以组织学生围绕作品的社会背景、作者观点和艺术手法进行深入讨论，鼓励学生批判性地分析作品的意义和价值，从而提升学生的思维深度和广度。

3. 创新能力的培育

创新能力是指个体在原有知识基础上产生新的想法、发现新的问题、提出新的解决方案的能力。在高中语文教学中，教师应注重激发学生的创造潜力，鼓励他们进行想象和创新，尝试不同的表达和创作。

教师可以通过多样化的写作任务、艺术创作活动等方式，激发学生的创意和灵感，引导他们跳出传统思维模式，进行独立思考和创造性表达。同时，教师还可以鼓励学生关注社会热点、探索文化现象，将个人观点和社会实践相结合，以提高学生的创新意识和实践能力。

4. 实践能力的强化

将所学知识应用于实践，解决实际问题，是高中语文教学的重要目标之一。教师需要引导学生将语文知识与生活实践相结合，进行跨学科学习和应用，以提高学生的实践能力和问题解决能力。

例如，教师可以安排学生参与社区服务、文化交流、公益项目等活动，让学生在实践中运用语文知识进行交流和合作，解决实际问题。通过这些活动，学生不仅能够深化对语文知识的理解和应用，还能培养其社会责任感和公民意识。

以学生能力发展为目标的高中语文深度学习，要求教师采用灵活多样的教学策略，关注学生的个性化需求，创设丰富的学习情境，引导学生主动探索、深入思考、积极实践，从而全面提升学生的语文素养和综合能力。

二、重视学习体验，增加感情投入

（一）关注学生的学习需求与体验

1. 个性化学习路径的深入探讨

在当代教育环境下，个性化学习已成为教学改革的关键方向。为每位学生设计独特的学习路径，需要教师深入了解每位学生的特点和需求。通过综合运用问卷调查、个别访谈、学习日志等多种手段，教师可以收集关于学生的详细信息，包括他们的学习风格、兴趣爱好，以及遇到的学习难题。

基于这些信息，教师可以为学生设计个性化的学习计划。例如，对于对古代文学感兴趣的学生，教师可以提供更多关于古文研究的资料和探讨机会；对于那些喜欢现代文学的学生，则可以增加现代文学作品的阅读和分析；对于具有创造性写作天赋的学生，教师应提供多样的写作机会，并给予针对性的反馈和引导，帮助他们发展个人的写作风格。

在教学方法上，灵活运用项目式学习、翻转课堂和小组讨论等教学策略，可以为学生提供丰富多样的学习体验，促进他们的主动学习和深入思考。这种多元化的教学方法不仅能够满足不同学生的个性化需求，还能激发学生的学习兴趣和热情。

2. 体验式学习的实践策略

体验式学习重在让学生通过亲身体验来获得知识和技能，

这种学习方式可以加深学生对文学作品背后文化和情感的理解。组织实地考察，如文学馆或历史遗址的参观，可以使学生直接触摸文学作品的背景，增强学习的真实感和深度。

通过角色扮演和模拟活动，学生可以更好地理解文中人物的情绪和动机，体验不同角色的情感世界，这种方法特别适用于文学作品的教学，可以让学生在角色扮演中深入体验文本情感，增强对作品的理解和感悟。

此外，鼓励学生通过绘画、诗歌创作、戏剧表演等多种方式来表达对文学作品的理解和感受。这些创作和表达活动不仅能增加学习的趣味性和参与感，还能激发学生的创造力和批判性思维。

3. 情感共鸣与情感投入的策略

情感是学习的重要组成部分，尤其是在语文的文学阅读教学中，情感共鸣对于深化学生的学习体验至关重要。通过讲故事、播放影片、欣赏音乐等方式激发学生的情感，可以帮助他们建立与文学作品更深层次的情感联系。

创造一个开放、互相尊重的课堂氛围，鼓励学生表达自己对文学作品的看法和感受，可以促进师生间和学生间的情感交流。这种交流不仅有助于形成积极的学习氛围，还能促进学生情感的共鸣和投入。

引导学生进行情感反思，思考文学作品的情感如何与自己的生活经验和情感世界相联系，可以帮助学生更深刻地理解文学作品，增强他们的情感体验和学习投入。通过这样的情感教学，学生可以在深度学习的过程中，获得更丰富和深刻的学习体验。

（二）创设积极的学习氛围与情境

1. 创设真实有效的情境，激发学生的情感体验

在语文教学中，创设真实有效的情境对于激发学生的情感体验与深度学习至关重要。教师应当紧密围绕文本情境，引导学生深入体验和理解文本中的情感和意义。通过精心设计的言语情境和体验情境，学生可以更好地融入学习中，从而达到身临其境的感受。例如，针对《荷塘月色》一文，教师可以引导学生通过模拟信件的形式，表达对于不同学者观点的理解和解读，从而深入思考文本所蕴含的情感和意义。这种紧扣文本的情境创设，不仅让学生更深入地理解文本，还能够促进他们的审美和表达能力的提升。

2. 开展合作探究性活动，提升自主学习能力

王宁先生认为新课标中的活动即语文学习活动，包括阅读与鉴赏、表达与交流、梳理与探究这三种学习活动，正是这些形式多样的语文学习活动组成了语文阅读教学。[1] 刘月霞和郭华教授认为深度学习需满足的前提：学生全面参与并全身心投

---

[1] 王宁. 通向语文核心素养的学习任务群［J］. 七彩语文（中学语文论坛），2019（3）：7-13.

入，必有教师的帮助，学习内容有挑战性。① 以散文阅读教学为例，本书提出了三条语文学习活动设计路径，旨在开展多元高效的学习活动，让学生深度参与到现当代散文阅读课堂。

一是活动形式多样。深度学习离不开自主、合作、探究、体验等学习活动，可见实现基于深度学习的高中语文教学离不开一系列的学习活动。为了挖掘语文学习活动的深度，教师可以在教学中开展相关的言语表达活动、读写结合活动、社会实践活动，也可以是让学生从鉴赏者成为解读者的文本解读活动。在设计学习活动时应以朗读体验、课堂讨论、专题研讨、学生模拟教学、调查探究、读写结合等为主要形式，以自主学习与合作学习为主要方式。深度学习对自主学习的关注并不意味着忽视学生的合作学习、分享学习。在阅读教学中，语文学习活动绝不是单一的状态，例如，必修下册第七单元的单元学习任务三就将调查探究与读写活动相结合，让学生观察校园（村庄或小区等）或选择中国二十四节气之一，观察此地、此时的景物和人们的活动，运用本单元所学文章的写法、借鉴文章语言的表达，写一篇散文。上述任务的创设将探究与体验、读写与社会实践活动结合起来，真正将学生课堂上所学的内容进行了迁移运用，并且以学生熟悉的生活情境为话题，培养他们的创造能力。值得注意的是，学习活动的多样性应以系统性

---

① 刘月霞，郭华. 深度学习：走向核心素养［M］. 北京：教育科学出版社，2018.

为前提，否则将陷入孤立零散、跳跃无序的状态，开展系统性、多样性的语文阅读学习活动与深度学习指向整合、生成的理念相得益彰。

二是扶放结合原则。扶即扶持，深度学习中学生的学不是无指导的自学，"扶"的形式多样，或讲解、指点，或启发、诱导，或参与、示范。在语文学习活动中，教师应该指点迷津、提供支架。在学生接触新的学习内容时，教师可以针对这些学习内容给予一些指点，以帮助学生更快地进入学习状态；还可以在学生遇到疑难困惑时，教师适当地启发诱导、补充知识。放，即放手，教师要试着成为欣赏者和激励者，尽量放手让学生自主摸索、自主学习。庞维国教授将自主学习概括为想学、会学、坚持学，有意义的自主学习与深度学习的理念有共同之处，都强调学生的主动学习和持续学习，这个过程也印证了"扶放结合"的重要性。[①] 此外，教师还应对学生的学习动机加以正确引导，并且教给他们学习方法、指明学习方向。如"学习之道"单元的两篇课文《读书：目的和前提》《上图书馆》行文灵活自由，学生借助"学习提示"等助读系统阅读时还是难以把握作者的情感世界，这时教师可以提供图表支架，列出学习任务单帮助学生梳理文章内容、自主探究。紧紧围绕单元的学习主题可以让学生联系本单元已掌握的学习方

---

① 庞维国. 自主学习：学与教的原理和策略 [M]. 上海：华东师范大学出版社，2003：148.

法，有"一线串珠"之效；将文章内容与学习主体的经历联系起来，可以使学生调动已有阅读经验克服阅读障碍；将看法阐述为探究的落脚点，可以检测学生在自主学习中的成效，并提升表达与交流的能力。

三是挑战性任务驱动。魏本亚[1]认为现在的语文阅读课堂上充斥着形式上热闹、参与上低效的学习活动，要改变这种现状，就要使活动具有挑战性[2]，这与郭华提出的"深度学习要围绕具有挑战性学习主题展开"[3]的观点不谋而合。例如，现当代散文不像文言文那般艰深难懂，因此有些学生掌握了文章大意后便游离课堂，忽视对这一文体的深入学习，此时教师可以设置具有挑战性的散文阅读学习任务，让学生拥有深入探究的空间。在学生的"最近发展区"加大学习活动、任务的难度，可以激发学习动机，完成任务后的成就感可以保持学习热情。受非良性结构问题界定的启发，在此提出具有挑战性的学习任务具有以下特点：有多种解答方案，有多种评价标准，需要学习者做出判断并表达个人观点。例如，在学习选择性必修中册第六课的两篇文章时，教师可以这样设计：学校为激发学生的爱国情怀，将要开展一系列有关"爱国"的主题活动，根

---

[1] 沈丽玲，魏本亚. 深度学习关键要素的语文学科实践意义建构［J］. 中学语文，2022（10）：5.

[2] 沈丽玲，魏本亚. 深度学习关键要素的语文学科实践意义建构［J］. 中学语文，2022（10）：5.

[3] 刘月霞，郭华. 深度学习：走向核心素养［M］. 北京：教育科学出版社，2018.

据鲁迅的作品，以"革命青年·人物志"为主题的征交活动，同学们可以结合课文及鲁迅其他作品撰写刘和珍、白莽、柔石等人的小传。写人物评传需要学生借助课本及课堂掌握人物事迹，还需课外查阅背景资料和人物资料，在收集资料时学生可自行查找整理，也可以与学习小组合作筛选资料，探究如何写好人物小传，此过程具有一定的挑战性。

3. 以读促思注重生成性，搭建深度理解桥梁

有学者认为"理解"是走向深度学习的第一要义，深度学习理念下的理解并非简单的了解、知道，它强调学生深层次的思考，即解释、思辨、应用等更有难度和更具综合性的学习。例如，为让学生在现当代散文学习中走向深度理解，在对话中感悟散文的魅力，散文教学应从语言出发，以此为核心做好感受、揣摩、解读、赏析、探究、运用练习和积累语言等事，这正是学生由浅入深进入散文学习的方式，也是学生由学习知识到解决问题的过程。教师可以从以下三方面进行现当代散文阅读教学。

（1）朗读：反复涵泳，走进文本

新课标提出要重视诵读在培养学生语感、增进文本理解中的作用，在散文阅读教学中，通过反复诵读，可以培养学生的语感，帮助学生理解文本。教师可以根据散文的不同类型确定需要诵读的内容，如抒情性散文多是借助景物描写来抒发作者的情感，教师可以引导学生朗读散文中描写景物的句子，在读

的过程中学生可以进行想象、联想；叙事性散文多是借助事物或人物来表达情感，学生对相关句段边读边圈点勾画，可以快速地走进文本中心；议论性散文侧重说理逻辑，学生朗读表明作者观点、哲思的句子，能够拉近与作者的距离。在抒情性散文的"学习提示"中，编者提出可以通过"慢慢读""多朗读"的方式，感受景物的特点和意境。以《荷塘月色》中月下荷塘描写为例，学生可以通过多次诵读的方式反复品味，在认读（初次诵读，感受到荷叶、荷花、荷香、荷波、荷韵之美）—再现（在诵读的过程中想象、联想月下的荷塘）—理解（再次诵读，读出语言典雅之美、情景交融之美）—感悟（被景色吸引，能评鉴语言、情感美在何处）的回环往复中真正走进文本并与作者对话。

（2）解读：多元有界，挖掘文本

葛海丽等学者认为教师对文本的深度解读是语文深度阅读教学的前提。在教学过程中[①]，我们发现教师们往往以教参上的一元解读为标准，将教参或课件上的知识单方面传授给学生，学生获得的知识常常停留在"是什么"的阶段，难以进入深度阅读状态。文本解读的主体是师生，在深度对话的课堂上，教师对现当代文学作品的研读深入影响着学生学习的成效。入选教材的现当代文学作品篇幅较短、通俗易懂，但是其

[①] 李敏，葛海丽. 语文深度学习：概念演进与未来走向［J］. 当代教育与文化，2020，12（4）：39-44.

蕴含的思想内涵极为丰富，有利于教师进行多元解读，如品味语言，解读其独有的审美风格；立足语篇语境或再现情景语境等，解读其创作情境，但"多元"并不意味着随意，教师应立足文本、作者、学情，守住"有界"的原则。以《荷塘月色》为例，立足语篇语境，教师可以让学生品读月下荷塘的美景，感受那优雅、幽静之美；立足还原情境、语境，聚焦景物，思考作者"带上门出去—轻轻地推门进去"这个过程的情感变化，主动融入作者"颇不宁静""热闹是它们的，我什么也没有"的情境之中；结合社会文化语境，可以从传统文化视角，解读我国文人寄情山水排解心中忧愁苦闷的行为共同点。王荣生认为文学作品阅读的教学关键在于引导学生解读，让学生既是鉴赏者又是解读者。[①] 师生因阅历、生活背景、理解能力等方面的差异，在文本解读过程中会有不同的体验感悟，教师要鼓励学生对作品中的语境、语言、情感进行解读，读出个性化的理解。在这个环节中，学生的阅读初体验就是深度学习的起点。

(3) 细读：咬文嚼字，鉴赏文本

深度学习文学作品的过程需要进行文本细读，教师要巧妙运用细读法引导学生深入理解，并在此过程中建构知识。深度对话的环节离不开师生与文本的对话，为了让学生深入理解文

---

① 王荣生. 散文教学内容确定的基本路径 [J]. 中学语文教学, 2011 (1): 9-11.

本，聚焦关键，教师可以抓住关键字词句，牵一发而动全身。如《故都的秋》中"却特别地来得清，来得静，来得悲凉"这一句，教师既能以秋的特点展开教学，品鉴秋景和情感，也可以从"特别"这一程度副词入手，聚焦故都秋景的独特之处，童志斌老师认为该词一定要与其他东西比较才会有所凸显，于是师生可在南国之秋、北国之秋的比较中验证"特别"二字，更能体悟到作者为什么如此眷恋北国之秋。[1] 此外，教师还可以引导学生探索文本空白，借助文本中的创作空白深入分析，"空白"即"留白"，是作家在文中给读者留下的艺术想象空间，空白具有多种形态，朱立元指出文学作品中有意义的"空白"是激发、诱导读者进行创造性填补和想象性连接的基本驱动力，对这些"留白"的探析能够激发学生深层次的思考。[2] 如《记念刘和珍君》中鲁迅并未具体描写刘和珍的人物形象，但是我们可以梳理文章中鲁迅对刘和珍的记叙，如"然而在这样的生活艰难中，毅然预定了《莽原》全年的就有她"一句中"毅然"一词，"始终微笑着"的"始终"一词和"敢于直面惨淡的人生"的"直面"一词等，结合这些细致的语言叙述，可以对刘和珍这一人物进行想象，为其画像，这样刘和珍追求先进思想、态度温和、敢于斗争的革命形象将更明

---

[1] 童志斌，祝彬彬.《故都的秋》：生命经历之美 [J]. 语文建设，2022（17）：51-54.
[2] 朱立元. 当代西方文艺理论 [M]. 上海：华东师范大学出版社，2014：5.

晰，进而教师可以引导学生深入理解鲁迅文章中的情感。

（三）激发学生的情感共鸣与投入

在教学过程中，重视学生的学习体验和情感投入，以及激发学生的情感共鸣，对于深化学习体验、提升学习效果具有重要作用。这一过程不仅要求教师在教学设计上下功夫，更需要在日常教学实践中不断探索和优化。文本中个性化的言语书写、个人化的情景事物、独特的情感体认、细微的人物描写、犀利的议论说理等都是课文具有的教学价值点。下面将以"散文"为例进行阐述。

深度学习强调的信息整合包括"不同渠道的信息整合、多学科知识的整合以及新旧知识的整合"，这要求师生将孤立的学习资源进行整合，具体包括三方面。一是整合现当代散文的延伸拓展性知识，教师在解读散文文本时仅仅依靠教材很难全面把握作者的情感抒发，这需要教师在备课的过程中收集相关的写作背景、作品评价、作家风格，并筛选与散文教学有关的内容，如郁达夫《故都的秋》中直接表达了作者对北平、对北平秋天深深的眷恋，在文章中我们还可以感受到作者悲秋的情感。教师可以利用课外资源探寻原因，为学生补充如下资料：当时北平动荡不安的社会大环境，作者个人政治上失意的经历，《北平的四季》中作者对北平的怀念除了景还有长眠于此的长子、知己。了解这些背景后，学生对于该文的理解、情感的把握才能进入更深处。二是整合相关学习内容，在开展群文教学时，可以利用课外资源确定群文阅读文本，或以相似主题、同一作者，或以情感为线索多元化的选择散文文本。三是整合网络资源，为现当代散文阅读课堂增添时代气息。现代教育技术应用于深度学习可以更新学习方式，教师可以在网络上建立语文交流平台、发布信息或阅读资料；利用音乐、图片、视频、微课等多媒体资源，增强教学感染力。如教师在教学《秦腔》这一篇课文时，就可以播放关于秦腔的音频，让学生听后试着说说感受再走进文本。教学资源的整合与选择，不仅能够开阔学生视野，使他们的认知思维向纵深发展，还影响着高中现当代散文深度学习的质量。

三、创设生活情境，激发学生兴趣

（一）让教学内容与生活实际结合

在高中语文教学中，将教学内容与学生的生活实际紧密结合是激发学生学习兴趣、提升学习效果的重要策略。通过创设生活情境，教师可以将抽象的语文知识与学生日常生活的实际情境相结合，使学习变得更加生动、实用，从而增强学生的学习动力和学习的实践应用能力。

教师要立足语文教材，根据单元主题和教学目标，结合学生的身心发展特点，创设真实的问题情境。[1] 真实的问题情境

---

[1] 徐福敏.语文教师要激发问题意识，创设问题情境［J］.科技信息，2009（12）：1.

不仅激发学生的学习兴趣，还能丰富学生的生活体验。语文作为一门实践性强的课程，强调培养学生的语言文字运用能力，注重语文实践活动。因此，深度学习教学立足学生的真实学习需求，将学生置于真实的生活情境和实践活动中，构建学生与生活经验、言语认知之间的联系，使学生能够将知识经验迁移到真实生活中。情境和任务是密不可分的，在深度学习教学中，学习任务贯穿整个教学过程，而学习任务又分为多个子任务，这些子任务承担各自的使命，由浅入深、由易到难地引导学生进入深层学习。以部编版高中语文必修下册第六单元为例，明确该单元主题为"观察人生百态，体悟社会生活"，并结合教学目标，创设这样的情境："有的人从小梦想成为一名作家，因为作家可以肆意挥洒他笔下人物的一生。或许你会在不经意间写下一段令人动容的故事；或许你笔下的人物可以成为一个经典形象；或许你的作品可以成为一部不朽的著作。今天，假设你已经成为一名作家，请你为你理想中的主人公书写他们的故事。"在情境中，教师假设学生拥有作家身份，布置学习任务让学生进行文学创作，并开展作家交流会，评选出优秀作品。深度学习教学通过开展真实的语文实践活动，提升学生的语言表达能力、写作能力和思维品质。

(二) 运用深度学习理念设计教学方法

深度学习理念在教学方法设计中强调了学习的深度理解、批判性思考与创造性应用，将这一理念应用于高中语文教学，可以有效促进学生的深入理解与情感共鸣，尤其是在创设生活情境、激发学生兴趣的过程中，这种教学理念展现出了其独特的优势。

首先，在教学的前期准备阶段，教师需要深入理解深度学习的理念，明确其与浅层学习的区别，并在此基础上设计出旨在提升高阶思维的教学目标。以散文教学为例，教师应该将散文阅读与学生的生活经验紧密相连，从学生的兴趣出发，选择贴近学生生活、能引发共鸣的现当代散文作为教学内容。通过创设与学生生活相关的情境，如讨论现代社会的热点问题、探究与学生生活息息相关的文化现象，学生可以在参与和体验中深化对散文的理解和感悟。

在教学过程中，利用深度学习理念，教师可以引导学生进行问题导向的学习，让学生在探究活动中自主寻找问题的答案，通过小组合作、讨论、呈现等方式，使学生在互动中深化理解，培养批判性和创造性思维。例如，在教学一篇描述城市变迁的现当代散文时，教师可以让学生调查自己居住城市的过去与现在的变化，再结合散文内容进行比较分析，这样的教学活动不仅贴近学生的生活实际，而且能够促进学生深度学习。

评价反馈阶段也是深度学习不可忽视的环节。教师应设计多元化的评价方式，如自我评价、同伴评价、项目评价等，让评价成为学生深度学习的推动力。对学生深度学习过程和结果进行全面评价，可以帮助学生及时反思，明确学习的不足，进一步优化学习策略。

在高中语文教学中运用深度学习理念设计教学方法时，教师需要从前期准备到教学过程，再到评价反馈各个阶段，全面考虑如何结合学生的生活实际和兴趣，创设相关的学习情境，通过问题探究、合作学习等方式激发学生的学习兴趣，引导学生进行深度学习，以达到提高学生语文核心素养、培养高阶思维能力的教学目标。

（三）设计渐进式的课堂活动任务

在创设生活情境、激发学生兴趣的基础上，设计渐进式的课堂活动任务是实现深度学习的有效途径。这种任务设计要求教师紧密结合学生的实际生活经验和兴趣点，通过一系列精心安排的活动，逐步引导学生深入文本，培养其批判性思维与创造性表达。

首先，在活动设计的初期，应该以学生熟悉的生活经验为切入点，选择与他们的生活密切相关的内容。例如，在教学现当代关于城市生活的散文时，可以让学生分享自己对城市变化的观察与体会，将个人经验与课文中的描述相对照，激发学生对文本的兴趣。

其次，教师应设计一系列由浅入深的活动任务，让学生逐步从生活体验走向深度思考与理解。例如，从讨论课文中的具体细节开始，逐步引导学生探讨作者的写作意图、文本的深层含义以及其对现实生活的启示，这样的任务设置有助于学生从具体到抽象、从表层到深层的逐步深入。

在此过程中，教师还应鼓励学生运用多种学习策略，如小组合作、角色扮演、辩论等，让学生在不同的活动中体验、思考、表达，从而加深对散文内容的理解。例如，在学习一篇描述乡村生活的散文时，可以让学生分组进行角色扮演，从不同人物的视角探讨文中展示的乡村生活，这样的活动能够让学生更深入地理解文本，同时培养其同理心和批判性思维。

最后，教师应设计评价与反馈环节，帮助学生总结学习成果，反思学习过程。评价不仅应关注学生的知识掌握，更应重视其思维深度和创造性表达的发展。通过适时的反馈，教师可以帮助学生明确自己的优点和不足，鼓励他们在未来的学习中持续进步。

通过这样一系列渐进式的课堂活动任务设计，教师不仅能够有效地引导学生从生活实际出发，深入文本，培养其深度学习的能力，还能够激发学生的学习兴趣，促进其全面发展。

四、设计问题任务，培养学生思维

（一）设计引导性的问题调取经验

在高中语文教学中，将学生的个人经验与文本内容连接是一种重要的教学策略，这不仅有助于激发学生的学习兴趣，还能增强他们对文本的理解和感知。设计引导性的问题是这一教学策略的关键，通过这种方式，教师可以有效调动学生的主观能动性，促使他们在学习过程中进行深度思考和情感投入。

1. 连接个人经验

教师设计的问题应鼓励学生将自己的生活经验与散文内容建立联系。在处理关于乡村生活的散文时，教师提出的问题如"你们有哪些关于乡村的记忆或体验？这与文中描述有何异同？"，可以引导学生回忆和分享自己的乡村经历，再将这些个人经历与文中的描写进行对比。这种比较不仅帮助学生认识到自己的经验与散文之间的联系和差异，也让他们从一个更个性化和深入的角度理解文本。

2. 激发情感共鸣

情感共鸣是文学作品产生影响力的重要途径之一。通过问题引导学生探讨自己与文本之间情感的共鸣，如提问"文中的情感与你有何共鸣？为什么？"可以让学生在个人经验和情感的基础上，更加深刻地理解和体验文本中的情感表达。当学生发现自己的情感体验与文本中的情感相呼应时，他们对文本的理解会更加深刻，对作品的记忆也更为持久。

3. 构建背景框架

了解文本的背景知识对深入理解文本内容至关重要。教师可以通过设计问题，引导学生回顾和整理与文本相关的历史、文化背景知识。例如，教师可以询问："这篇散文中提到的历史事件或文化习俗你了解多少？我们来一起探讨它们对文本意义有何影响。"通过这样的讨论，学生不仅能够开阔自己的知识视野，还能学会如何将背景知识应用于文本解读中，从而在更深层次上理解和欣赏文学作品。

通过上述的问题设计和教学策略，教师能够有效引导学生将个人经验、情感共鸣以及背景知识与文本内容相结合，从而实现高中语文教学中深度学习的目标。这种教学方法不仅有助于提升学生的语文素养，还能培养他们的批判性思维和创新意识，为他们的终身学习奠定坚实的基础。

（二）设计启发性的问题联系知识

1. 深化文化理解的互动式探讨

在教授古诗词时，教师可以设计互动式的问题，让学生将诗词与自己的生活经验相联系，从而深化对文化的理解。[1] 例如，教师可以询问学生如何理解宋代词人表达的忧国忧民的情感与今天公民责任感之间的关系。通过这样的问题，学生不仅能够理解诗词背后的文化和情感，还能够将这些情感与现代社会的价值观念相联系，促使学生在比较不同历史时期的文化价值观时，发展出批判性和反思性的思维能力。

2. 探索作者意图的多维解读

通过设计问题探索作者的创作意图，教师可以引导学生从多个角度解读文本，提升他们的文学鉴赏和批判性思维能力。例如，教师可以让学生探讨苏轼的《江城子·乙卯正月二十日

---

[1] 刘翔. 试析古诗文教学与语文核心素养文化的传承和理解 [J]. 新一代（理论版），2021（21）：104-105.

夜记梦》中的梦境与现实之间的关系，以及这种关系如何反映作者的内心世界。这种探讨不仅帮助学生理解文本，还鼓励他们发展个人的解读策略，从而在深度学习过程中形成独立的思考和见解。

3. 培养批判性思维的策略运用

在古诗词的学习中，设计批判性问题能够培养学生独立思考和评价的能力。教师可以通过设置问题，引导学生分析诗词中的道德观念、审美标准或社会价值，并鼓励他们发表自己的观点。例如，教师可以与学生讨论《出塞》中表现的英雄主义与个人牺牲之间的关系，以及这种关系在今天是否仍有价值。这种讨论不仅加深学生对文本的理解，还促进他们在道德、美学和社会价值方面形成自己的判断和观点。

4. 激发创造性思维的实践操作

创造性思维是深度学习的重要组成部分，教师可以通过设计特定的创作任务来激发学生的创造性思维。例如，教师可以要求学生基于他们对某首古诗的理解创作一幅画作或一段短剧，将诗中的情感和意境转化为视觉或表演艺术。这种跨媒介的创作不仅能够帮助学生深入理解古诗词，还能激发他们运用不同形式表达思想和情感的能力。通过这样的实践操作，学生能够在深度学习的过程中发挥自己的创造力，形成跨学科的思维能力。

（三）设计批判性的问题培育思维

在深度学习的视角下，教师设计的批判性问题旨在培养学生独立思考的能力，促进他们对知识进行深入的批判与理解。以下是四个关键方面，通过它们可以设计批判性问题，以培育学生的思维能力。

1. 挑战传统观点

批判性问题应鼓励学生挑战和重新评估传统观点或普遍接受的理论。例如，在探讨《红楼梦》的多层面意义时，教师可以提出问题："《红楼梦》中的爱情、家庭和社会描写如何反映了作者对于当时社会状况的批判？"这种问题促使学生思考文本背后的社会文化背景，鼓励他们超越表面的故事情节，深入作者的思想世界，批判性地审视与分析。

2. 激发质疑和探究

设计问题时，教师需要激发学生的质疑精神和探究欲望。通过提问促使学生对已知知识提出疑问，探讨可能存在的不同解释。例如："如果将《红楼梦》放在当代社会背景下解读，其对于人物命运的描述会有怎样的不同理解？"这样的问题不仅促使学生从现代视角重新审视古典文学，也鼓励他们质疑和批判现代社会中相似的现象或观点。

3. 鼓励多元视角的比较分析

批判性思维的培育也需要学生能从多个角度进行思考。教师可以设计问题，要求学生从不同的文化、历史或个人背景出发，分析相同问题的不同解读。例如，在讨论古诗词中的历史事件时，可以提出："不同历史时期的人们如何解读这一事件，这反映了哪些文化和价值观的变迁？"通过这种比较分析，学生不仅能深入了解文化和价值观的多样性，还能批判性地思考这些变化对社会和个人的影响。

4. 促进自我反思与批判性自省

设计批判性问题的最终目的是促进学生对自身认知和价值观的反思，培养他们对自我和社会的批判性理解。例如，可以提出问题："在学习古诗词的过程中，哪些观点挑战了你的思考？它如何影响了你对自己文化认同的理解？"这类问题鼓励学生反思学习过程中的变化，从而在不断地批判和自我批判中，形成更加成熟和深入的思考能力。

通过设计这样的批判性问题，教师不仅帮助学生发展独立思考和深度理解的能力，还促进他们在知识探索的过程中形成自己独到的见解和批判性思维技能，实现深度学习的教学目标。

五、加强合作学习，提升探究能力

（一）合作学习的实施与价值

合作学习是教育领域中一种重要的教学策略，旨在通过小组合作的方式促进学生之间的互动和学习。在深度学习的背景下，合作学习不仅强调知识的获取和技能的掌握，更注重学生的批判性思维、创新能力和问题解决能力的发展。将学生置于一个共同探究的学习环境中，合作学习激发了学生之间的互助和竞争，有助于构建积极的学习社群，促使学生在互动中反思、在合作中进步。

在深度学习过程中，合作学习可以促进学生之间的交流与合作，使学习变得更加动态和互动。学生在小组讨论、信息共享和共同任务中相互促进，交流不同的观点和方法，开阔了个人的思维视野，深化了对学习内容的理解和应用。此外，合作学习还有助于培养学生的社交技能、团队合作能力和领导能力，这些技能在今后的学习和职业生涯中都是非常宝贵的。

在高中语文教学过程中，合作学习的应用可以采取多种形式。例如，教师可以将学生分组，让每个小组选择一篇文章进行深入研究，并在课堂上分享他们的理解和解读。每个小组成员可以分担不同的任务，如文本分析、背景研究、主题探讨等，再将各自的研究成果汇总，形成全面的解读和评价。通过这种方式，学生不仅能够从不同角度深入理解作品，还能学会如何协同工作，如何有效地表达和交流自己的观点。

此外，合作学习还可以通过模拟教学、角色扮演等互动性强的活动来实施。例如，在探讨一篇反映历史事件的文章时，学生可以通过角色扮演来模拟故事中的情境，从而更加生动地理解文本内容和作者的意图。通过这样的活动，学生不仅能够加深对作品的理解，还能够在实践中学习如何表达和沟通，如何在团队中协作和解决问题。

总之,合作学习作为一种有效的教学策略,能够促进学生在深度学习中的主动参与和相互协作。通过合作学习,学生可以在相互交流和共同探究的过程中深化对文本的理解,培养批判性思维和创新能力,同时加强社交技能和团队协作能力。因此,教师应该充分利用合作学习的优势,将其融入教学中,为学生创造一个丰富多元、互动合作的学习环境。

(二)策略与实践:促进有效的合作学习

在深度学习背景下,合作学习活动的设计和实施成为教育实践中的重要环节。教师通过精心设计的合作学习活动,如小组讨论、角色扮演、同伴评审等,不仅能够提升学生的学习兴趣和参与度,还能有效促进学生的批判性思维、创新思维和问题解决能力的发展。以下内容详细探讨了设计合作学习活动的关键策略及教师在其中的作用。

首先,设计合作学习活动时,应确保活动具有明确的目标和结构,同时要考虑到学生的兴趣和背景知识。例如,在小组讨论中,教师可以根据教学内容划分不同的讨论主题,让学生根据兴趣或专长选择主题,并在小组内分享、讨论。为了增强讨论的深度,教师可以事先提供一些引导问题或相关材料,引导学生深入探讨。在角色扮演活动中,教师可以让学生扮演不同角色,通过角色的视角去分析问题、提出解决方案,这样有助于学生从多角度看待问题,培养批判性和创新性思维。同伴评审则可以让学生在互相学习和评价的过程中提高自我反思和批判性分析的能力。

其次，合作学习活动应促进学生的批判性思维、创新思维和问题解决能力的发展。为此，教师需要设计一些开放性问题和任务，鼓励学生进行深度思考和创新性探索。在活动中，学生需要协商、讨论，通过集体的智慧寻找问题的解决方案，这个过程能够锻炼学生的合作能力、沟通能力和批判性思维能力。此外，通过实践中的问题解决，学生能够将理论知识与实践相结合，增强学习的实践性和应用性。

教师在合作学习活动中扮演着至关重要的角色。他们不仅是知识的传授者，更是学习活动的设计者和引导者。在活动实施过程中，教师应充分发挥指导作用，对学生进行适时的引导和支持，帮助他们克服学习过程中遇到的困难。同时，教师还需要监控学习过程，确保每位学生都能积极参与，每个小组都能高效合作。此外，教师还应鼓励学生进行反思和总结，帮助他们意识到合作学习的价值，提升他们的自我学习能力和自我提升意识。

总之，合作学习是深度学习的重要实践形式，合理设计和有效实施合作学习活动，可以显著提升学生的学习动机、参与度和学习效果。通过小组讨论、角色扮演、同伴评审等活动，学生能在合作中学习，在交流中成长，进而发展批判性思维、创新思维和问题解决能力。教师作为活动的设计者和引导者，需要通过有效的策略和实践，为学生创造一个积极、互动、合作的学习环境，促进他们的全面发展。

（三）提升探究能力：深度学习中的探究学习

探究学习作为深度学习中的核心环节，对培养学生的自主学习能力和终身学习能力具有显著的影响。深度学习强调学生的主动参与和深入理解，而探究学习正是激发学生主动性、积极性的有效途径。通过探究活动，学生不仅能够加深对知识的理解和应用，而且能够培养解决复杂问题的能力，提高自主探索和终身学习的能力。

整合阅读与探究学习是深化学生对文本理解的重要策略。教师可以将文本阅读与相关的探究主题相结合，引导学生将阅读内容与实际问题联系起来，进行深入探究。例如，在教授现当代文学作品时，教师可以围绕文本中的主题或问题，设计相关的探究活动，让学生通过研究、讨论、实验等方式，探索问题的答案，深化对文本的理解。通过这种方式，学生不仅能够从文本中获得知识，还能够学会如何将知识应用于实际，培养批判性和创新性思维。

探究活动的实施需要教师根据学生的实际情况和教学内容，精心设计和组织。项目式学习是一种有效的探究学习方式，它要求学生围绕一个主题或问题，进行深入研究和实践，最终呈现研究成果。在实施项目式学习时，教师应确保项目与学习目标密切相关，能够激发学生的学习兴趣，同时提供必要的指导和支持，帮助学生完成项目。问题基础学习（Problem Based Learning，PBL）同样是一种重要的探究学习方法，它通过提出具有挑战性的问题，激发学生的探究兴趣和动机，引导学生通过团队合作、资料搜集、分析讨论等方式，共同寻找问题的解决方案。

无论是项目式学习还是问题基础学习，关键在于如何有效地提升学生的批判性和创新性思维。教师应鼓励学生从多个角度和维度思考问题，不断质疑和反思，鼓励创新和尝试。同时，教师也应关注学生在探究过程中的情感体验和学习态度，创造一个支持性和开放性的学习环境，让学生在探究活动中体验成功和成就感，从而提升他们的学习动力和探究热情。

总之，探究学习是深度学习的重要组成部分，有效地整合阅读与探究学习，实施项目式学习和问题基础学习等活动，可以有效提升学生的自主学习能力、批判性思维和创新性思维。教师在这一过程中扮演着至关重要的角色，他们需要通过有效的设计和指导，帮助学生在探究活动中实现深度学习，将其培养成为终身学习者。

六、创新评价方法，全面评价发展

（一）全面实施反思性评价

在教育的深度学习过程中，反思性评价是一种核心的评价方式，它不仅关注学生学习结果的呈现，更加关注学习过程中学生的思考和反思。反思性评价的定义涉及让学生参与到自己学习过程的评估中，引导他们对自己的学习行为、策略和成果进行深入的思考和评价。这种评价方式的重要性在于它能够激发学生的自主学习能力，增强他们的自我监控能力，从而更好地掌握和调整自己的学习策略，以达到深度学习的目的。

反思性评价在高中语文教学中的应用，能够让学生对自己的学习过程和结果有更深入的理解和掌握。通过实施反思性评价，教师能够引导学生在语文学习中形成自我引导和自我改进的良好习惯。例如，通过使用学习日志，学生可以记录每次学习后的感受、疑问、困难及成功经验，这些记录不仅可以帮助学生在日后的学习中进行回顾和总结，还可以帮助教师了解学生的学习状况，从而提供更有针对性的指导。

自我评价单作为一种具体的实施工具，可以让学生在完成一定的学习任务后进行自我评估。例如，在一个学习单元结束后，教师可以设计一份自我评价单，包括对学习目标达成程度的自我评价、学习过程中的困难与收获、下一步的学习计划等内容。这种自我评价活动不仅能促使学生对自己的学习过程进行系统的回顾和反思，还能激发学生的内在动机，增强他们的学习自信和自我效能感。

在高中语文教学中，反思性评价的实施可以采取多种形式，如在文本学习后让学生撰写学习反思报告，或是在课堂讨论后进行小组内的相互反思。通过这些活动，学生不仅能够对文本的内容有更深入的理解和感悟，还能够在反思过程中培养自己的批判性思维和创新能力。教师在这一过程中应扮演好引导者和促进者的角色，为学生提供反思的机会，鼓励他们表达自己的观点和感受，同时根据学生的反思内容提供进一步的指导和支持。

综上所述，全面实施反思性评价对于高中语文教学具有重要的价值。它不仅能够促进学生对自己的学习过程和结果进行深入的反思和评价，还能够激发学生的自主学习能力和内在动机，从而在高中语文教学中实现深度学习的目标。

(二) 促进互动的互评机制

在深度学习理念下，互评作为一种重要的评价机制，可以显著促进学生的主动学习、批判性思维和合作能力的发展。互评允许学生在学习过程中相互评价、提供反馈，这不仅有助于建立积极的学习共同体，还能够鼓励学生从不同视角审视问题，促进他们批判性思维的发展。通过参与互评，学生可以更好地理解和吸收他人的观点和想法，同时也能够在评价他人的过程中反思自己的理解和认知。

设计有效的互评活动是实施互评的关键。首先，明确互评标准至关重要。教师需要事先与学生共同讨论并确定互评标准，确保这些标准既具有明确性也有可操作性，学生在互评时能够有具体的依据。其次，教师应明确互评的流程，引导学生按照既定的流程进行互评，确保互评活动有序进行。此外，教师还需指导学生进行建设性的互评，鼓励他们提供具有启发性和建设性的反馈，而非仅停留在表面的批评或赞扬。

在高中语文教学中，互评可以通过多种形式实施。例如，在小组讨论活动中，学生可以相互评价组员的讨论贡献和表现，帮助彼此识别讨论中的亮点和不足，促进个人和团队的成长。通过同伴反馈的方式，学生可以对彼此的阅读理解和分析进行评价，这不仅有助于增强学生对文本的理解和欣赏，还能促进他们批判性和创造性思维的发展。

互评还可以在写作教学中发挥重要作用。教师可以组织学生进行同伴评审活动，让他们相互评价和提供反馈意见，这样的活动不仅能够提高学生写作能力，还能增强他们的批判性阅读和互动合作能力。通过互评，学生可以从他人的写作中学习不同的表达方式和思维方式，同时在评价他人作品的过程中提升自己的审美和批判性思维能力。

综上所述，互评作为一种有效的教学策略，能够在多个层面促进学生的深度学习。通过精心设计和有序实施互评活动，教师可以激发学生的主动性和互动性，促进他们的批判性思维、创新思维和合作能力的全面发展。

（三）持续与激励相结合的评价策略

在深度学习的框架内，持续性评价起着至关重要的作用，它不仅帮助教师了解学生的学习进展，而且为学生提供了持续的学习动力和反馈。持续性评价涉及对学生学习过程的持续观察、记录和分析，而非仅仅关注最终的学习成果。这种评价方式可以帮助教师捕捉到学生学习的具体细节，识别学生在学习过程中遇到的问题，并及时进行干预，帮助学生调整学习策略，实现深度学习。

与持续性评价相辅相成的是激励性评价，它关注通过正面的鼓励和反馈来激发学生的内在动机，提升学生对学习的热情和兴趣。在高中语文教学中，激励性评价可以采取多种形式，如正面的言语表扬，具有激励性的评语反馈，展示学生优秀作品等。这些激励措施能够强化学生的成功体验，增强他们的自信心和学习满足感，从而使学生保持和提高学习动机。

结合持续性评价和激励性评价的策略可以更全面地评价和促进学生的学习发展。在高中语文教学中，教师可以通过定期的课堂观察、作业检查、小测验以及项目作业等形式进行持续性评价，了解学生对语文知识的掌握情况和思维发展水平。同时，教师需要及时向学生提供具体、建设性的反馈，指出他们的进步和优点，同时提出改进建议。此外，教师还应鼓励学生进行自我评价和同伴评价，帮助他们培养自主学习和批判性思维能力。

在持续性和激励性评价的基础上，高中语文教学还应注重学生情感、态度和价值观的发展。教师应通过多元化的教学活动和评价方法，引导学生欣赏语文的美，体验语文学习的乐趣，形成积极的学习态度。例如，教师可以组织学生参与语文节、诗歌朗诵会等活动，在活动中，不仅要评价学生的语文技能，还要关注他们的情感表达和价值体验，进一步激发他们对语文学习的热爱和对中华文化的自豪感。

综上所述，通过结合持续性评价和激励性评价，高中语文教学可以更全面地促进学生的语文能力发展，同时培养他们的情感、态度和价值观，为学生的全面发展打下坚实基础。

第四章

高中语文深度学习的教学案例

第一节 基于深度学习的整本书阅读策略——
以《乡土中国》为例

一、背景介绍

在高中语文教学中，整本书阅读是一项关键的教学活动，它不仅能够帮助学生建立系统的阅读理解能力，还能深化他们对文本的认知和感受。当这种阅读活动与深度学习策略结合时，它的效果可以被极大地增强。深度学习，作为一种强调学生主动探索、批判性思维和深层次理解的教学理念，在整本书阅读中的应用可以促进学生对文本内容的深入掌握和全面理解。

以费孝通的《乡土中国》为例，这本书提供了一个深入了解中国乡土社会的窗口。通过深度学习策略的应用，教师可以引导学生不仅要阅读文本，还要探究其背后的社会、文化和历史背景，形成对书中描述现象的深层次理解和批判性思考。这种教学方法能够使学生在阅读的过程中发展独立思考、问题解决和创新能力，为他们的终身学习和未来发展奠定坚实的基础。

二、教学目标

在设计《乡土中国》的深度学习教学计划时，明确教学目标至关重要。这些目标应当具体明确，以确保学生在学习过程中可以系统地掌握书中的核心思想，并能够应用批判性和创新性思维进行深入探究。

理解书中的核心观点与主题：学生需要把握《乡土中国》所探讨的基层社会的特征、结构及其文化背景。教师应引导学生识别和分析书中关于乡土社会的描述、人物关系及其背后的社会文化意义。

发展批判性思维：通过深度探讨书中提出的社会问题和观点，学生可以学习如何提出疑问、进行批判性分析并形成自己的见解。教师应鼓励学生对作者的观点提出合理的质疑并提供自己的解释和看法。

联系现实和个人经验：教师应鼓励学生将书中的内容与自己的生活经验及现代社会的实际情况联系起来，进行深入比较和反思。这样不仅能加深学生对文本的理解，还能促进他们的社会意识和文化认同。

整本书阅读的深度学习目标应围绕上述要点展开，每一项目标都应与具体的教学活动和评价相连贯，确保学生能够在完成阅读任务的同时，实现更高层次的认知和能力发展。

具体教学目标如下：

（一）使学生通过深度阅读理解《乡土中国》中的核心概念和论点；

（二）培养学生的批判性思维，使他们能对文本提出独立见解；

（三）通过任务驱动的学习方式，提高学生的学习主动性和探究能力。

三、教学策略

（一）创设情境，激发兴趣

教师通过展示费孝通的生平和《乡土中国》的写作背景，利用视频、图片等多媒体资源，展示 20 世纪中国乡村的真实生活场景，让学生感受历史与现实的联结，从而引发他们对乡土社会的兴趣。

学生进行小组讨论，分享他们对乡土社会的认知和印象，教师引导学生探讨自己的学习目标，以此激发学生深入阅读的主动性和兴趣。

（二）核心概念的深度探究

在小组讨论环节，学生深入研究书中的核心概念，如"差序格局""礼俗社会"，通过集体智慧揭示这些概念的深层含义。

教师引导每个小组将自己对核心概念的理解进行汇报，鼓励学生之间相互评议，通过交流和讨论，达到共同构建和深化对这些核心概念的理解的目的。

（三）整体框架的逐步解析

教师指导学生通过粗读和细读相结合的方法，理解《乡土中国》的整体结构和章节逻辑，帮助学生建立全书的知识框架。

学生被分配任务，总结每章的主要内容和作者的观点，形成一张全书的知识网络图，以便更好地记忆和理解书中的信息。

（四）探索性学习任务

学生被鼓励设计和参与实地调研或数据收集的项目，如调研当地的乡村文化变迁，然后将其与《乡土中国》中描述的乡村社会进行比较分析。

学生准备项目报告或展示，教师引导学生将调研结果与书中内容相互印证，以增强学生的实践体验和理论应用能力。

（五）深度学习评价

评价过程注重学生在学习过程中的参与度、合作态度、探究能力及批判性思考，而非仅关注最终结果。

通过形成性评价和总结性评价相结合的策略，教师可以及时了解学生的学习进展，同时学生可以根据反馈调整学习策略，以达到更深层次的理解和应用。

四、教学活动设计

（一）情境引入活动

教师播放费孝通的纪录片，让学生感受费孝通的学术生涯和《乡土中国》的创作背景。在观看后，教师可以引导学生进行简短的反馈交流，帮助他们建立起对书籍内容的初步期待和兴趣。

设置一个"我的乡土印象"圆桌讨论环节，学生以小组形式讨论自己对乡土文化的认识和感受，每个学生提供一个独特视角，从而构建多元化的乡土社会观。教师巡回指导，确保讨论质量，最后由每组选出代表分享小组观点，为后续的深入学习奠定基础。

（二）核心概念深入研讨

小组合作深入研究书中核心概念，每个小组选择一个概念，利用网络资源和图书馆资源，收集资料，制作PPT或其他创意展示材料。在班级上进行展示，不仅分享信息还要展示自己组的理解和解读。

核心概念辩论会让学生能够从不同角度理解和探讨同一概

念，促进思维的碰撞和深入。每组根据自己对概念的理解提出论点，其他组进行挑战和提问，通过这样的交流和辩论，加深对概念的理解和应用。

（三）整体框架解析

教师使用投影展示《乡土中国》的目录和序言，指导学生如何从中提取书籍的主旨和结构。通过实例演示，帮助学生学会独立进行书籍结构的分析。

学生的任务是将每章的主要内容和观点整理出来，用思维导图或知识图谱的方式形成视觉化的呈现。最终，每个学生或小组将自己的学习成果呈现出来，进行互评和交流，形成互助学习的氛围。

（四）探索性学习项目

在探索性学习项目中，学生以小组为单位选择一个现实主题进行深入研究。例如，可以探究社区内的乡土文化保护现状或是乡村的现代化变迁。通过实地调研、访谈、数据收集等方式获取第一手资料。

成果展示不限形式，可以是书面报告、视频纪录片、摄影展览等。最后，组织一个成果分享会，邀请其他班级或教师参与，获取更广泛的反馈，提升学生的自信和归属感。

（五）深度学习评价

过程性评价不仅关注学生的最终成果，还注重观察学生在活动过程中的参与态度、合作精神、问题解决能力等。教师应实时记录，对学生表现给予及时且具有建设性的反馈。

总结性评价结合学生的口头汇报、书面报告、项目展示等多种形式，全面评价学生对《乡土中国》的理解程度、批判性思考和创新能力。通过评价促进学生对自身学习过程的反思，明确未来的学习方向和提升空间。

五、教学过程

（一）第一课时：情境引入与核心概念探讨

1. 情境引入

教师（以下简称T）：开始上课前，我们先观看一段关于费孝通先生的纪录片，了解一下他的生平和《乡土中国》的背景。

学生（以下简称S）：（观看后）感觉费先生的研究很有深度，他的生活经历也影响了他的研究方向。

T：是的，费孝通先生通过深入乡村的田野调查，给我们呈现了一个真实的中国乡土社会。那么，在观看完这段纪录片后，你们对乡土社会有什么样的印象或感受？

2. 圆桌讨论

T：接下来，我们进行"我的乡土印象"圆桌讨论。每个小组分享你们对乡土社会的看法或经验，可以是你们自己的经历，也可以是你们从书本、电影中得到的印象。

S：（小组讨论后分享）我们小组认为乡土社会给人一种很

淳朴、传统的感觉，但也存在一些现代化进程中的困境和挑战。

T：很好，你们从不同角度探讨了乡土社会的特点，接下来我们将这些讨论和《乡土中国》中的描述进行比较，看看费先生是如何描绘乡土社会的。

3. 核心概念的深入研讨

T：《乡土中国》中提出了很多核心概念，如"差序格局"。我们现在分小组，每组选择一个概念进行深入研究，并准备相关的展示。

S：（小组研究后汇报）我们组研究了"差序格局"，我们发现这个概念是用来描述乡土社会中人与人之间关系的特点的，它体现在社会结构和人际交往中。

T：很好，通过你们的汇报，我们可以看到每个概念背后都蕴含了丰富的社会学理论和人文关怀。这些概念不仅帮助我们理解乡土社会，也引导我们思考现代社会的变迁。

(二) 第二课时：整体框架解析与探索性学习任务

1. 整体框架解析

T：《乡土中国》虽然篇幅较长，但每一章节都是围绕中心主题展开。我们现在来做一个活动，以理解全书的结构。请每组挑选一章，总结该章的主旨，并思考它如何贡献于整本书的论述。

S：（活动后）我们组总结了第三章的内容，发现它主要讨论了乡土社会中的家族制度，这对理解整个乡土社会的结构非常关键。

2. 探索性学习任务

T：了解了书的整体框架后，我们来做一个更贴近实际的任务。选择一个与《乡土中国》内容相关的现实问题进行小组调研，例如，可以调研你们社区或家乡的乡土文化变迁。

S：（调研后分享）我们调研了我们家乡的传统节日的庆祝方式的变化，发现虽然形式在变，但很多传统元素依然保留，这和《乡土中国》中对传统乡土文化的描述有很多相似之处。

3. 深度学习评价

T：在整个学习过程中，我注意到了每个人的参与和贡献，不仅是最后的成果，过程中的每一个思考和讨论都很重要。我们接下来进行总结性评价，希望每个人都能从中获得成长和启发。

六、教学评价与反思

（一）教学评价

在此次《乡土中国》的深度学习教学评价中，教师观察到显著的正向结果，特别是在学生参与度和兴趣激发方面。通过巧妙设计的情境引入和圆桌讨论环节，学生不仅积极投入学习，还展现出对乡土社会主题的浓厚兴趣。多媒体材料的引入更是有效地吸引了学生的视觉和听觉注意力，让他们更加深入地融入教学内容的学习氛围中。此外，学生在核心概念的理解上也取得了显著进展。通过小组合作和互动展示，学生不仅掌握了书中的基础概念，还能够从更深层次探讨这些概念背后的社会文化意涵，体现了他们对知识的深度理解和批判性思维的提升。

在整体框架掌握方面，学生通过结构化的分析活动有效地理解了《乡土中国》的整体结构，把握了不同章节间的逻辑联系，这对他们形成书籍内容的宏观认识极为关键。更值得一提的是，探索性学习成果的显著性。学生在实践项目中展示了强大的实践能力和创新思维，他们不仅将课堂所学与现实问题相结合，还能够独立提出具有洞察力的见解和解决方案，这表明学生能够将理论知识转化为解决实际问题的能力。

在评价方法上，通过形成性评价与总结性评价相结合，教师不仅全面掌握了学生的学习进度和成果，还为学生提供了及时有效的反馈，帮助他们认识到自身的学习强项和待改进区域，从而更有针对性地调整学习策略和方法，促进了他们学习的自主性和深度。这种评价方式的运用，为教师提供了关于教学方法和学生学习效果的重要反馈，为未来教学的改进提供了宝贵的依据。

（二）教学反思

在本次《乡土中国》的深度学习教学反思中，教师认识到情境引入的重要性和影响。尽管当前的情境设计有效地引发了学生的学习兴趣，但进一步考虑学生个人背景和经验对情境的贴近性可能更加提升教学效果。例如，引入与学生日常生活相关的乡土文化元素，可能更能触及学生的情感，从而深化他们的学习体验。同时，教师也意识到对核心概念深度探讨的必要性。未来的教学中，教师计划引导学生不仅理解并记忆这些概念，更重要的是运用这些概念进行批判性分析和实际应用，从而培养学生的批判性思维和问题解决能力。

在框架解析方面，虽然学生能够把握书籍的整体结构，但教师认为有必要引导他们理解每个部分是如何系统地贡献于整本书的总体论证的。这样不仅能加深学生对书籍结构的理解，也能促使他们在未来的学习中更有能力分析和理解复杂的文本结构。在探索性学习环节中，学生显示出积极性和创造性，但教师发现在研究方法和逻辑思维训练方面仍有提升空间。教师可以通过提供更多研究案例分析、研究方法讲解和逻辑思维训练，进一步引导学生如何更系统、更科学地进行探索性学习。

最后，关于评价体系的完善，教师认识到除了现有的学习过程和成果评价，还需增加对学生批判性思维和创新能力的评估。未来计划设计更多元化的评价工具和指标，例如，批判性思维测试、创新性任务表现等，以确保评价体系能更全面、更深入地反映学生的学习效果，促进他们在批判性思维和创新能力方面的成长。这样的反思和调整将使教师的教学更加贴近深度学习的目标，更好地促进学生的全面发展。

第二节　指向深度学习的 IB 教学模式在高中诗歌阅读教学中的应用

一、背景介绍

在高中语文的教学中，张若虚的《春江花月夜》被广泛认为是理解唐诗韵味、文化底蕴和审美情感的重要文本。利用 IB 教学模式，结合项目式学习和合作式学习的教学方法，旨在提升学生的语文综合能力，特别是在文学鉴赏和创造性表达方面。

《春江花月夜》是高中语文必修上册"古诗词诵读"模块的一首唐诗，是唐代诗人张若虚的代表作，现收录在《全唐诗》中，素有"孤篇盖全唐"的美称。从诗歌本身来看，它沿用乐府旧题，借助清丽的语言文字，围绕"月"和"江"两个典型意象，呈现了悠远缥缈、迷离梦幻的月夜江景图，抒发了动人心弦的离愁别绪，寄寓了富有哲理的人生感悟，展现了一种超越现实、脱离凡俗的境界。总体来说，《春江花月夜》是一首兼具审美、文化、哲学、语言等多重研究意义的经典唐诗。在这首诗的教学中，为了充分挖掘诗歌的审美价值、文化内涵以及艺术特征，教师可以围绕核心素养的目标，创建深度学习模式，让学生从多个维度进行研读和鉴赏，领会"孤篇盖全唐"的魅力。

二、教学目标

（一）理解《春江花月夜》的主要意象和主题。

（二）通过 IB 教学模式进行探究式学习，提高学生对诗歌深层意义的理解和探究能力。

（三）通过项目式学习，促进学生将诗歌理解应用到实际创作或研究项目中。

（四）通过合作式学习，增强学生的团队合作能力和交流技巧。

三、教学策略

（一）还原语境，强化审美体验

审美体验，分为直接体验和间接体验两种。以赏月的体验来说，苏轼在《记承天寺夜游》中记载的"庭下如积水空明……"，朱自清在《荷塘月色》中写下的"月光如流水一般，静静地泻在这一片叶子和花上……"，都是他们的直接体验，是他们在夜游的过程中的真实见闻。而学生在阅读和鉴赏这类文学作品时获得的审美体验，便是间接体验，是他们通过阅读文字得来的，这样的体验本就模糊、笼统，若是无法深入具体的语境，学生的审美体验便会大大减弱。所以，在《春江花月夜》的深度学习指导中，教师要注重为学生还原语境，帮助他们打破隔膜，让他们沉浸在文本意境中，直观地感知文本中描绘的景色、抒发的情感。

1. 以生活经历为素材还原语境

文本阅读所产生的审美体验是间接的，而生活观察所产生的体验则是直接的、生动的。《春江花月夜》中描摹的月夜江景图，是诗人张若虚在真实生活体验的基础上展开的艺术再创造，要想还原诗歌中的语境，自然要关联现实生活。为此，在阅读指导中，教师要尝试引导学生畅谈他们的赏月体验，让他们回顾生活中的月夜画面，并借助恰当的字词和语境，描绘月夜之景的特点。经过一番联想，学生便可以将现实生活中的赏月经历迁移到文本阅读中，进而体会"皎皎空中孤月轮"中的审美韵味，再现诗句中的审美意境。若有必要，教师还可以组织课外赏月活动，让学生置身于真实的赏月场景中，将赏月的所观所感与基于核心素养的高中语文深度学习策略相结合。这也正如葛月月在《基于核心素养的高中语文深度学习策略——以〈春江花月夜〉为例》中谈到的，《普通高中语文课程标准（2017年版2020年修订）》（以下简称"新课标"）强调了核心素养在课程实践和教学活动中的指导作用，从"语言构建与运用""思维发展与提升""审美鉴赏与创造""文化传承与理解"四个层面，阐释了核心素养的基本概念和主要内容。基于新课标的内容，为了将核心素养扎根在语文教学实践中，教师可以将深度学习理论融入教学设计中。以部编版高中语文选择性必修上册"古诗词诵读"模块中的《春江花月夜》为例，从还原语境、对话引领和细读意象三个角度，对核心素养下的高中语文深度学习策略进行解析，以期将核心素养融入学生的学习过程中。在引导学生的审美过程中将张若虚的观感融合起来，以直接体验带动间接体验，由此体悟诗歌中月夜图景的独特性。

2. 以视觉材料为手段还原语境

诗歌阅读是一种以语言文字为载体的思维活动，而思维活动可以分为直观思维活动和抽象思维活动。对高中生而言，若在直观思维活动中产生了审美体验和情感共鸣，他们往往能够抽象化地概括诗歌的内容、景物的特点，进而升华思想境界、深化审美感受。所以，在还原《春江花月夜》的语境时，教师可以运用视觉材料，如月夜图片、微视频等，以这些视觉材料为主要手段，帮助学生感知诗歌中的江景、月景，让他们深入理解"江天一色无纤尘"等诗句的真实含义。当学生的直观思维被激活后，教师可进一步引导学生抽象和概括江景和月景的特点，进而将视觉体验转化为抽象概念，这样即可深化学生的艺术修养、升华他们的思想境界。

3. 以诗句化用为方法还原语境

经过小学、初中以及高一阶段的学习，学生已经积累了丰富的诗歌知识和阅读经验。从知识迁移的角度来说，在还原诗歌的语境时，教师可以指导学生化用诗句，让他们在诗与诗的迁移和转化中感知古代语言文字的含蓄美和蕴藉美，从而在诗歌鉴赏中强化审美体验。比如，诗歌中的前两句"春江潮水连海平，海上明月共潮生。滟滟随波千万里，何处春江无月明"，诗人描绘了一幅江海相连、潮水随月色共生的画面，展现了月夜春潮的壮阔美。在鉴赏这两句诗的内容时，教师便可化用王维《使至塞上》中的名句"大漠孤烟直，长河落日圆"，让学生在知识迁移的过程中，感知《春江花月夜》前两句描绘的壮丽景象，以达到还原语境、深化审美体验的目的。在《春江花月夜》的阅读教学中，教师围绕直接体验和间接体验之间的关系，采用了语境还原法，从生活经历、视觉材料和诗句化用三个角度，指引学生还原诗歌中的语言环境，让他们置身于诗歌语境中赏析和解读诗句。如此，学生通过主观联想、视觉刺激、知识迁移等方式，再现了诗歌中的江景与月景，描摹了诗歌中的场景与画面，并在直接体验与间接体验相融合的过程中，强化了个体的审美体验，其语言辨析、审美鉴赏、知识迁移等能力也得到了一定程度的提升。

（二）对话引领，启迪个性化思维

文本解读是一项个性化的语言和思维活动，正如俗语道"一千个读者就有一千个哈姆莱特"，因生活经历、知识储备、思维能力等方面的差异，学生在文本解读中很可能会产生不同的见解与感悟。针对学生之间的差异，教师要尊重学生的见解和想法，以对话引领的方式，启迪学生的个性化思维，培养他们的个体意识，这才符合深度学习的要求，也有助于核心素养的落实。在《春江花月夜》的教学中，教师可以从文化理解和情感表达等多个层面，以对话的形式，与学生进行互动，以此激活他们的个性化思维，让他们产生独特的阅读感悟。以"江畔何人初见月？江月何年初照人？"这两句为例，教师要精心设计对话，引领学生深度思考，具体内容如下。

第一问：如何解释"江畔何人初见月？江月何年初照人？"这两句诗歌的内容？

第二问：这是一个关乎宇宙生成的哲学问题，你能找到这一问题的答案吗？

第三问：其他文人是否发出过同样的感慨？其中蕴含怎样的情愫？

针对教师的问题，学生要聚焦诗句，结合政治、历史等多个学科的知识，与教师进行对话和沟通。比如，针对教师的第一问，学生可以借助教材中的注释，将诗句翻译为现代汉语，即"谁是第一个在江边赏月的？而江边的月光又是在何时照耀世人的？"由此可以发现，这句诗提出了关乎宇宙生成的问题，而这又是一个众说纷纭、难以得到准确答案的问题。至此，学生也回答了第二个问题。另外，针对教师的第三问，学生可以联系以往的诗歌阅读经历，结合"哀吾生之须臾，羡长江之无穷"等内容，感知诗歌中表现的悲哀与无奈。又如"玉户帘中卷不去，捣衣砧上拂还来"一句，为了让学生创造性地解读诗句，体会化虚为实的写作手法，教师也可以采用对话引领的方式展开教学，具体内容如下。

第一问："卷"的对象是什么？"拂"的对象又是什么？

第二问：月光能够被"卷"起和"拂"去吗？为何要做这种徒劳无功的事呢？

第三问：作者借月光写愁苦和相思，是一种怎样的写作手法呢？

从第一问到第三问，这些问题相互关联、层层递进。针对第一问，学生要在诗句中寻找"卷"和"拂"的对象，经过对诗句的研读和分析不难发现，这两个动词的宾语都为"月光"。在确定了对象后，学生可以结合第二问解析诗人的写作意图，月光是一种无实体形态的自然景物，既不能被卷起，也无法被拂开，而思妇做这种徒劳无功的事，是出于内心的思念和苦楚，想通过卷起和拂开月光的行为驱赶内心的相思之苦。在理解了诗句的隐含意义后，学生便可解答第三个问题，梳理诗句的写作手法，从"表面写驱赶月光（虚）""实则写内心愁苦（实）"这两个角度进行推理，进而明确这句诗歌的写法，即"由虚转实"。基于启迪学生个性化思维的需求，教师采用了对话引领的方式，结合诗歌的内容，设计了多个层层递进、逻辑贯通的问题，旨在让学生在由浅入深、由具象到抽象的思考过程中，更为深入地理解诗歌的情感内涵、艺术手法、文化意义等，推动他们向着深度学习的目标靠拢。另外，从核心素养的角度来说，以对话引领的方式展开语文教学，也能增强学生的语言辨析、思维发展、审美鉴赏等能力。

（三）细读意象，深析文本主题

古代诗歌以意象作为抒发情感、寄托理想和阐释哲理的载体，无论是在写景抒情、感受山水田园还是在咏史怀古、思妇闺怨等题材的诗歌中，大多会塑造经典的意象，而这些意象或是大自然中的景物、动物，或是客观世界的事物，又或是某一个人物。在《春江花月夜》的深度学习指导中，基于文化理解、审美鉴赏等核心素养的目标，教师可以重点引领学生细读意象，围绕意象解析诗歌的主题，并于此过程中落实核心素养的目标。以"昨夜闲潭梦落花，可怜春半不还家"一句为例，在阅读时，学生大多能体会到诗句中的相思之苦，却读不出诗句中蕴含的人生苦短的慨叹。针对此种情况，教师可以将"落花"这一意象作为研读重点，指导学生细读和赏析。一方面，在阅读之初，教师可以直指"落花"的本义，让学生关联上下句，明确"落花"意味着"春天将逝"这一客观事实，进而理解"春天即将逝去，游人却未能归家"的相思之苦；另一方面，当学生明确了诗句中的相思之苦后，教师可引入其他诗句，如"花谢花飞花满天，红消香断有谁怜"，让学生理解"落花"这一意象的象征意义，即"时光易逝、世事无常"等，从而体会诗句中表达的人生苦短的慨叹，解读至此，学生方可深入理解《春江花月夜》的主题。除"落花"之外，诗歌中还包含了"月""江"等主要意象，教师也可以让学生解读和分析这些意象，从"人生代代无穷已，江月年年望相似"等诗句入手，梳理不同意象之间的关系，进一步理解诗歌中的哲学主题。总之，在古代诗歌的深度学习过程中，意象是一个关键的要素，教师应将其作为诗歌鉴赏和解读的重要内容，让学生经过推理、赏析等，挖掘意象中涵盖的文化主题、哲学主题。

四、教学过程

（一）情境引入与审美体验

教学活动：教师展示描绘古代月夜江景的画卷和播放配乐诗朗诵，营造沉浸式的学习氛围。

教师问："同学们，画面和朗诵给你们带来了什么感受？"

学生回答："让我感觉到了一种宁静和美好，仿佛自己也置身于那幅画卷之中。"

设计意图：通过视觉和听觉双重体验，引发学生的情感共鸣，为深入理解《春江花月夜》打下基础。

（二）核心概念解析与文本探究

教学活动：分组讨论，每组选取诗中一个核心意象（如"江""月""花"），探讨其在诗中的象征意义。

学生发言："我们组分析认为'月'象征着诗人的孤独和

对家的思念。"

教师点评："很好，'月'确实常用来象征思念。你们能从诗中找出哪些词句来支持你们的观点吗？"

设计意图：通过对诗歌核心意象的探究，引导学生深入文本，提高他们对文学象征和意象理解的深度。

（三）诗歌主题深度讨论与反思

教学活动：全班共同探讨《春江花月夜》的主题及其对现代人的启示。

教师引导："从这首诗中，你们感受到了哪些对现代人有启示的价值？"

学生思考："诗中反映的自然与人情的和谐，提醒我们要珍惜与自然和他人的关系。"

设计意图：通过对诗歌主题的深度讨论，促进学生的批判性思维，鼓励他们将古典文学与现代生活联系起来，进行价值反思。

五、教学评价与反思

（一）教学评价

本次《春江花月夜》的教学评价反映出学生在多方面有显著的进步。通过情境引入，学生们对诗歌产生了浓厚兴趣，审美体验得到了显著提升。在核心概念的解析与文本探究环节，学生展现出深入理解文本的能力，能够独立思考并合作探讨意象的象征意义。跨学科联系的活动加深了学生对诗歌情感背景和文化环境的理解，促进了他们从宏观角度审视文本。最后，主题讨论和反思环节激发了学生的批判性思维，鼓励他们将所学知识应用到现实生活中，体现了深度学习的成效。整体上，学生的语文核心素养得到了有效的提升，对诗歌的理解更加深刻和全面。

（二）教学反思

尽管本次《春江花月夜》的教学取得了一定的成效，但在反思中也发现了一些可优化的方面。首先，在情境引入阶段，虽然学生的兴趣被有效激发，但如何将这种兴趣持续并转化为深入学习的动力仍需进一步探索。其次，在核心概念的解析过程中，部分学生的理解还停留在表层，未能完全触及文本深层含义，未来教学中需要更加注重引导学生深度解读和批判性分析。在跨学科联系方面，虽然拓宽了学生的视角，但如何更有效地整合不同学科的知识以加深学生的综合认识仍是今后需要改进的地方。最后，主题讨论环节虽然启发了学生的思考，但如何让学生的思考更加深入、系统，确保他们能够将诗歌主题与个人经验、社会现象建立更紧密的联系，也是未来教学中需要重点关注的。

第三节　高中语文《劝学》深度学习

一、背景介绍

在当今教育领域，深度学习已成为推动学生全面发展的关键策略，特别是在高中语文教学中，其意义更加凸显。《劝学》作为一篇经典的文言文，不仅蕴含着丰富的文化价值和深刻的人生哲理，也为深度学习提供了良好的文本基础。深度学习的目的在于引导学生超越表层的记忆和理解，达到对知识的深层次理解和运用，培养其批判性思维、创新能力和解决问题的能力。

二、教学目标

在高中语文教学中，荀子的《劝学》不仅是学习古文的重要材料，也是理解中国传统文化、培养学生深度学习能力的重要文本。教学目标旨在引导学生通过深度学习《劝学》，理解并体会文章的深层含义，培养学生的批判性思维和创造性思维，同时促使学生构建属于自己的思想体系。

三、教学策略与实施

（一）第一步：理解——深度阅读的前提

《劝学》（节选）这篇文章，如果只是达到记忆水准，就没有深层次的理解，所以在教学中，教师应当引导学生达到上述的后一种理解水准。理解水准的理解分为初级与高级。初级是情境认知的理解体认。阅读是学生的个性化行为，阅读教学应引导学生钻研文本，在主动积极的思维和情感活动中，加深理解和体验，有所感悟和思考，受到情感熏陶，获得思想启迪，享受审美乐趣。教师要珍视学生独特的感受、体验和理解，可以引导学生结合具身体验诠释对文章的理解，如设计问题：

1. 文章的哪一句，你最有感触？为什么？请举个生活的例子来说明。

2. "君子博学而日参省乎己，则知明而行无过矣。"① 你有相关的生活体验或周边他人的例子来表达赞成或反对吗？

在《劝学》（节选）教学前，可以如此设计：

1. 如果你鼓励他人学习，你会怎样鼓励？

2. 你在生活中看到他人劝导学习，又是怎样的？你当时的感受如何？

---

① 《劝学》荀子。

学生思考后，教师再引导学生分析揣摩课文的演绎，使学生更能理解文章表达的技巧，也促成自身深入的思考。

知性思维作为一种理解力，是形成抽象概念的能力，它具有分析、规定、划界、定义等性能，演绎的就是高阶思维。此一是意脉寻绎。只有文章内部意脉清晰，才有阅读的深度把握。就单篇教学而言，可以思考：

1. "学不可以已"是论点，与下面三个分论点之间，关系如何？

2. 学习与作用、方式的关系如何？

3. 三个分论点的关系是并列的吗？

如此引导学生对文章意脉进行纵深思考，不停留在浅层的理解上，学生的思维就获得发展与提升，理解也能更透彻、完整。此二是梳理概括。就任务群教学而言，教师应当引导学生在群文中分析理解，形成丰富、立体与深刻的思想。如此则为演绎高阶思维、知性思维，比如，《劝学》（节选）强调"学不可以已"；《师说》强调"是故无贵无贱，无长无少，道之所存，师之所存也"；《改造我们的学习》强调"采取生动活泼新鲜有力的马克思列宁主义的文风"。可以设计两个问题：

1. 你认为这三者之间有什么逻辑关系？请用一句话阐发自己从这三篇文章中获得的学习观点，然后以此三点读书看法做出彰显逻辑缜密的阐述。

2. 对比这三个读书观点，你认为哪个观点是最主要的基础？为什么？

运用水准的理解是将阅读思想、语言等运用到写作、生活情境中，生成自己的语言，真正实现语言的构建与应用，实现文化的传承与理解。具体可分两个层次。

初级层次：句词运用。

如提出要求：请在"木直中绳，𫐓以为轮"后面加上你的几句话，表达你的意思。这近乎学生常演练的造句，是实践认知心理学中的具身理论："在教育教学中，应将认知、身体、环境视为一个系统，将社会实践活动引入教育教学，把单项的、静态的、离身的传授过程，变成互动的、生成的、具身的实践过程。"[1] 如此，有学生写道："荀子云'木直中绳，𫐓以为轮'，重塑形象，唯有砥砺不止，浅尝辄止者无以塑之。"如此具身认知的实践应用，不仅学会了运用文章字词，也进一步理解了句子在文中的意思。

高级层次：文化运用。

《劝学》（节选）中，蕴含了哪些文化因素呢？我们可以看到早在战国时期就发现读书的价值是"重塑自身，助你成功"，提出学习的要求等，劝导国人崇尚学习。教师应当引导学生了解中国历史上对学习传统文化的重视，增加对国人学习文化的认知。而在设计应用情境中，应当有文化传承的意识，

---

[1] 范文翔，赵瑞斌. 具身认知的知识观、学习观与教学观［J］. 电化教育研究，2020，41（7）：21-27，34.

拒绝低俗恶搞或平庸无聊。比如，可以创设以下任务情境：

表3

情境任务一	情境任务二
你一位高一的同学认为读书无用，不如跟父亲做点生意。你将选用文章中的哪句话，加上自己的体验来劝导他	某一自然景区要设立读书屋，请你选用文章的词语组合成一个句子或对偶句，勉励游客不妨停下脚步，读书思考，或宣导正确的读书方法

（二）第二步：审辨——深度阅读的关键思维

审辨式思维是最重要的国民素质，表现在认知和人格两方面。其突出特点表现为：（1）合乎逻辑地论证观点；（2）凭证据讲话；（3）善于提出问题，不懈质疑；（4）反省自身的问题，对异见保持包容的态度；（5）认识并理解一个命题具有特定的适用范围和概括化范围；（6）直面选择，果断决策，勇于为自己的选择承担后果和责任。因为文化、时代、社会背景的不同，学习经典文言文，落脚点应该是文化的传承与反思，进而形成自己的思考。为此，《劝学》（节选）阅读教学中当培育质疑反省的审辨式思维。

审辨维度一：说理思维。

按照标题的提示，文章在劝导学习，你认为劝导有力度吗？或提出：文章用比喻的方法来阐释学习的方法与意义，有说服他人学习的张力吗？

审辨维度二：说理思想。

荀子在文章中劝导学习，读者还会有什么疑问呢？是否学习了一定可以有助于你开阔眼界？若是不能，怎样的学习才是高效的呢？这样，学生就会为了自身观点的支撑，主动介入对话、反思等说理思想，在学习传统文化经典时，自然有了现代说理的人文思维与科学思维的涵育，也就明确类比比喻是表达观点的方法之一，但并非"表达观点的根本方式"。

（三）第三步：建构——深度学习的终极追求

学习了《劝学》（节选），就要引导学生从文章中建构自己的思想。本单元以"学习之道"为核心，可以设计情境，让学生实践两类建构。一是文化母题中的文化建构。歌德认为"母题"是人类过去不断重复，今后还会继续重复的精神现象。为此，阅读完《劝学》（节选）后，教师可以让学生确定不倦学习、文人志趣、雅士之风等文化母题，然后翻阅资料，思考后而形成自己的思想。如此，在背景性概念之下再次阅读经典文章，不仅会带来阅读思想的拓展与深化，也会促成思维的发展与提升。二是阅读思想的建构。设计任务，引导学生，学习文章后，审视现实，关注未来，构建自己的思想。

表4

设计一	设计二
通过学习本单元关于学习的文章，请你在班会课上，谈谈你认为什么是理想的"学习之道"	上网查找古人谈学习之道的文章，结合本单元的课文，写一篇题为《古人学习之道的最主要的关键词》的小短文。文章"引用"需有明晰的出处，有具体的分析

设计一不只是记忆积淀，更利于引导学生学会分析思辨，从而形成自己的思想。

设计二是演绎学习性的写作，学生通过群文阅读，分析解读出古人就学习之道中最具教学研究和语文教学重视的关注点。学生在小短文的写作中，提升自己的认知，厚实自己的阅读思想。理解是经典阅读三部曲中第一部，是领悟与传承的前提；审辨思维是阅读的关键思维，经典阅读如果没有审辨思维的介入，就无法洞悉文化的局限与对自身思想体认的矫正；而不构建自己的思想，就无法实现真正的理解与内化，实现深度阅读，进而真正实现文化传承与发展的终极追求。

四、评价与反思

（一）教学评价

在本教学案例中，通过深度学习的三部曲——理解、审辨、建构，学生们被有效地引导去深入探索《劝学》的内涵和价值。通过理解阶段的情境设立和问题引导，学生能够连接个人体验，促进对文章深层意义的认识。审辨阶段的活动促使学生运用批判性思维，从不同角度解读文本，加深了对《劝学》说理方式和思想的理解。在建构阶段，学生通过将所学知识和思想应用到具体写作和演讲中，展现了深度学习的成果。整个教学过程中，学生的主动探究能力和创新能力得到了锻炼，思想得到了提升。

（二）教学反思

回顾这次的教学案例，教师需要反思的是在每个阶段是否充分激发了学生的参与热情和思考深度。在理解阶段，是否所有学生都能够积极地分享和参与讨论，教师是否为不同水平的学生提供了相应的支持。在审辨阶段，教师是否提供了足够的材料和机会让学生进行充分的批判性思考。在建构阶段，学生的创造性输出是否得到了有效的指导和评价。此外，教师应思考如何更有效地将《劝学》中的传统思想与现代学习生活结合，使学生能够更好地理解和应用古代学者的智慧，促进其个人的成长和发展。教师还应反思在整个教学过程中，如何更好地平衡知识的传授与学生能力的培养，确保深度学习的有效实施。

第四节 从深度学习的视角看《雷雨》

一、背景介绍

深度学习强调对学生主动探究、深入理解和批判性思维的培养，而不仅是表层的记忆和重复。在这一教育改革的背景下，授课内容不再局限于知识的传授，更关注学生能力的发展和个性的展现。《雷雨》作为曹禺的经典戏剧作品，其丰富的情节、深刻的主题和复杂的人物性格为深度学习提供了极佳的文本。

《雷雨》的教学不仅停留在传授剧情和人物分析上,更重要的是引导学生探索剧中的深层主题,如家族伦理、人性的复杂性、社会道德等,以及这些主题对现代社会的启示。通过对《雷雨》的深入教学,我们希望学生不仅能够理解剧本内容,还能够通过批判性思考,将所学的知识和理解应用于现实生活和个人成长,如解决现实问题、提升个人情感理解与表达能力等。

此外,将《雷雨》中的情节、人物与学生的个人经历和现实社会进行联系,激发学生的学习兴趣,促使他们在认识文本的同时,也反思自我和社会。例如,通过讨论《雷雨》中的家庭关系与现代家庭关系的异同,学生不仅能深入理解作品,也能在比较中培养批判性思维,进而形成对于家庭、爱、责任等概念的个人理解和看法。

总的来说,《雷雨》的教学背景是建立在当前教育改革的基础之上,旨在通过深度学习的方式,学生能够全面而深入地理解文本,培养其综合能力,特别是批判性思维、情感理解与表达、创造性思维等,并将这些能力应用到实际生活和学习中,以实现个人的全面发展。

二、教学目标

（一）知识与理解：使学生深入理解《雷雨》的情节、人物和主题，理解其文化和历史背景。

（二）分析与批判：培养学生分析文本、批判性思考人物行为及其后果的能力。

（三）应用与创造：鼓励学生将对《雷雨》的理解与分析应用于相关的创造性写作和表演活动，展现他们的创造性思维。

（四）情感与态度：引导学生对《雷雨》中的道德问题和人性困境产生情感共鸣，形成自己的价值观。

三、教学策略

（一）引导式讨论

教师设计一系列开放式问题，引导学生深入讨论《雷雨》中的关键情节和人物心理，如探讨剧中主要冲突的成因、角色之间的关系如何演变等。通过提问，教师引导学生挖掘角色的内心世界和剧中的社会背景，促使学生从多角度、多层次理解文本，培养他们的批判性思维和同理心。例如，教师问："你如何看待周萍和四凤的命运？他们的选择有什么社会和心理背景？"这样的问题可以鼓励学生进行深入思考，超越表面的剧情理解，达到深层次的文本解读。

（二）小组合作

学生分成小组，每组负责对《雷雨》的某一方面进行深入探究，比如，分析特定人物的性格发展，或是剧中重要主题的呈现方式。小组成员需要共同讨论、协作，最后呈现他们的发现和理解。这种合作学习的方式不仅能提升学生的社交技能，还能增强他们集体解决问题的能力，并且在互相交流的过程中，学生能够获得更加全面和深刻的文本理解。

（三）创造性写作与表演

安排学生基于《雷雨》的情节或人物进行创造性写作，如编写一个新的结局、创作一段角色的内心独白等。此外，学生还可以改编剧本中的某一幕进行小组表演，通过角色扮演深入理解人物性格和剧情。这样的活动不仅能够激发学生的创造力和想象力，还能帮助他们更加深入地理解文本内容，提升语言表达和艺术鉴赏能力。

（四）反思与关联

鼓励学生将《雷雨》的学习与自己的生活经验、感受或其他已学知识相关联，进行深入反思。教师引导学生思考如何将剧中的教训应用到自己的生活中，或是如何通过对剧本的理解更好地理解人性和社会。通过这种方式，学生不仅能够加深对文本的理解，还能在反思中培养自我意识和批判性思维，实现知识与经验的有效整合。

四、教学过程

（一）课程引入（5分钟）

活动设计：展示《雷雨》剧照或视频片段，激发学生学习兴趣。

互动环节：学生分享观后感，教师提出问题："这些情节触动了你的哪些情感？"促使学生思考并激发对文本的好奇心。

（二）探究活动（20分钟）

分组探究：学生分成小组，针对《雷雨》中的不同人物或情节展开深入研究。

角色分配：每组成员分配不同任务，如信息收集、分析讨论、展示准备等。

小组展示：各组展示分析成果，其他小组提问或评论，通过互动加深理解。

（三）创造性任务（15分钟）

写作/表演准备：学生根据《雷雨》情节或人物创作短剧本或短故事。

创作过程：学生小组合作，撰写剧本或故事，准备表演或朗读。

成果展示：学生展示创作内容，班级进行评议，教师提供反馈，强化学习效果。

(四) 反思与关联 (10分钟)

个人思考：学生思考《雷雨》与个人经验之间的联系，内化学习成果。

小组分享：小组内分享各自的思考，然后全班交流，开阔思考视野。

教师引导：教师总结学生观点，强调深度学习在个人成长中的应用。

(五) 课程总结 (5分钟)

回顾要点：教师总结课堂上的主要讨论和学习成果，巩固知识点。

延伸学习：鼓励学生课后继续探索《雷雨》的其他主题或角色，促进持续学习。

布置作业：根据课堂表现，布置适当的反思性作业，如写一篇关于《雷雨》人物分析的短文。

五、评价与反思

(一) 教学评价

本次《雷雨》的教学活动通过引导式讨论、小组合作、创造性写作与表演以及反思与关联等多元化教学策略，成功地引导学生深入剖析文本，挖掘剧作深层次的主题和人物心理。学生在活动中积极参与，展现出良好的批判性思考和创造性表达能力。通过小组合作和创造性任务，学生不仅加深了对《雷雨》的理解，也在实践中锻炼了合作和沟通能力。最终，通过反思与关联环节，学生能够将学习内容与个人经验相结合，实现了深度学习的目标。

（二）教学反思

尽管本次教学在引导学生深度学习方面取得了积极成效，但仍存在一些改进空间。首先，在引导式讨论环节，可以进一步优化问题的设计，确保问题能更深入的触及文本核心，引发学生更深层次的思考。其次，在小组合作环节，应更加关注学生间的互动质量，确保每位学生都能积极参与到讨论和活动中。最后，在创造性任务的指导上，教师可以提供更多样化的创作引导，激发学生更广泛的创造灵感。此外，评价机制也应更加多元化，不仅评价学生的知识掌握程度，还应考量他们的思考深度、合作态度和创造性成果。未来，可以考虑引入同行评审和自我评价，鼓励学生进行自主反思，以进一步促进学生的深度学习。

参考文献

一、专著

[1] 埃里克詹森，莉安尼克尔森．新课堂学习译丛：深度学习7种深入持久学习的课堂策略［M］．李璨，陈红美，译．杭州：浙江教育出版社，2022．

[2] 刘月霞，郭华．深度学习：走向核心素养［M］．北京：教育科学出版社，2018．

[3] 马顿，萨尔乔．学习的本质区别：结果和过程［M］．北京：国际文化出版公司，2022．

[4] 庞维国．自主学习：学与教的原理和策略［M］．上海：华东师范大学出版社，2003．

[5] 舒尔曼．实践智慧：论教学，学习与学会教学［M］．上海：华东师范大学出版社，2014．

[6] 中华人民共和国教育部．普通高中语文课程标准：

2017年版2020年修订［M］．北京：人民教育出版社，2020.

［7］朱立元．当代西方文艺理论［M］．上海：华东师范大学出版社，2014.

［8］张笑恒．马云：人生要有大格局［M］．天津：天津人民出版社，2016.

二、期刊

［1］柏杨，翟元国．为学生"深度学习"而设计［J］．物理教师，2014（8）．

［2］柴唤友，陈丽，郑勤华，等．学生综合评价研究新趋向：从综合素质、核心素养到综合素养［J］．中国电化教育，2022（3）．

［3］陈夏燕．如何在文学作品教学中培养学生的理解和鉴赏能力［J］．语文天地，2012（24）．

［4］陈玉胜．以问题为驱动力，引领学生深度学习［J］．数学学习与研究，2022（5）．

［5］范丽丽．浅谈信息技术课程教学［J］．吉林教育，2015（5）．

［6］范文翔，赵瑞斌．具身认知的知识观、学习观与教学观［J］．电化教育研究，2020，41（7）．

［7］冯丹丹．深度学习背景下的课堂有效提问研究［J］．学园，2021（13）．

[8] 付静. 初中语文深度学习的落实途径分析［J］. 语文课内外, 2022（27）.

[9] 龚静, 侯长林, 张新婷. 深度学习的生发逻辑, 教学模型与实践路径［J］. 现代远程教育研究, 2020, 32（5）.

[10] 韩亚菲. 新中国成立70年我国高校招生制度的改革与发展［J］. 北京教育（高教版）, 2019（10）.

[11] 韩燕. 以深度学习教学促进学生核心素养提升［J］. 中学课程辅导（教师通讯）, 2017（8）.

[12] 贾绪计, 王泉泉, 林崇德. "学会学习"素养的内涵与评价［J］. 北京师范大学学报（社会科学版）, 2018（1）.

[13] 姜立辉. 学生成功感的激发和培养［J］. 吉林教育, 2015（16）.

[14] 李敏, 葛海丽. 语文深度学习：概念演进与未来走向［J］. 当代教育与文化, 2020, 12（4）.

[15] 李楠, 贺美蕊, 马连博. 进化深度学习的研究现状与进展［J］. 信息与控制, 2024, 53（2）.

[16] 李馨. 高中语文学习任务群下的课堂深度学习策略［J］. 高考, 2023（4）.

[17] 李耀辉. 指向"深度学习"的高中语文课堂教学问题策略［J］. 读与写（上旬）, 2020（4）.

[18] 林崇德, 胡卫平. 思维型课堂教学的理论与实践

[J].北京师范大学学报（社会科学版），2010（1）.

[19]林植君.高中学生语文学习习惯的培养[J].新作文（中小学教学研究），2019（11）.

[20]林子杰，熊一舟.基于语文学科大概念的单元统整教学转化[J].中学语文，2022（6）.

[21]刘翔.试析古诗文教学与语文核心素养文化的传承和理解[J].新一代（理论版），2021（21）.

[22]麻彦坤，叶浩生.维果茨基最近发展区思想的当代发展[J].心理发展与教育，2004，20（2）.

[23]冉孟礼.谈谈学生学习兴趣的培养[J].文学教育（上），2016.

[24]冉微.浅谈如何在高中语文教学中落实核心素养教育目标[J].中学生作文指导，2020（6）.

[25]沈丽玲，魏本亚.深度学习关键要素的语文学科实践意义建构[J].中学语文，2022（10）.

[26]舒兰兰，裴新宁.为深度学习而教：基于美国研究学会"深度学习"研究项目的分析[J].江苏教育研究，2016（6）.

[27]孙珮珊.新高考背景下高中语文核心素养的有效培养措施探究[J].语文课内外，2022（6）.

[28]孙双金.深度学习与批判性思维的研究[J].江苏教育，2019（1）.

［29］童志斌，祝彬彬.《故都的秋》：生命经历之美［J］.语文建设，2022（17）.

［30］万荣.思辨的力量：语文课堂思维发展与提升核心素养探究［J］.语文教学与研究，2021（5）.

［31］王汉松.布卢姆认知领域教育目标分类理论评析［J］.南京师大学报（社会科学版），2000（3）.

［32］王家元.在深度学习中发展学生的思维［J］.中学课程辅导（教师教育），2020（9）.

［33］王嘉毅，马维林.再论"以学生为中心"的教学意蕴与实践样态［J］.中国教育学刊，2015（8）.

［34］王丽端.探析语文学科核心素养的深度学习［J］.语文新读写，2020（25）.

［35］王宁.通向语文核心素养的学习任务群［J］.七彩语文（中学语文论坛），2019（3）.

［36］王沛，康廷虎.建构主义学习理论述评［J］.教师教育研究，2004，16（5）.

［37］王荣生.散文教学内容确定的基本路径［J］.中学语文教学，2011（1）.

［38］王妍，邓波，李春梅，等.基于问题的深度学习："学术引领—问题驱动—自主发展"教学理念解构［J］.齐齐哈尔师范高等专科学校学报，2017（6）.

［39］王艳.论高中时评写作训练应以思维发展与提升为

本［J］.神州，2018（13）.

［40］吴玖丹.指向深度学习的教材资源挖掘［J］.课程教学研究，2019（2）.

［41］向仕俊.小组合作在高中语文写作教学中的应用研究［J］.教育科学（全文版），2017（1）.

［42］徐福敏.语文教师要激发问题意识，创设问题情境［J］.科技信息，2009（12）.

［43］于海霞.在深度学习中提升学生的语文学习力［J］.小学生作文辅导（上旬），2023（5）.

［44］于瑛.基于深度学习的初中语文教学策略研究［J］.文渊（高中版），2019（7）.

［45］余映潮.详写教案，保证教学设计的质量：谈语文教师综合素养的自我训练（14）［J］.语文教学通讯，2014（11）.

［46］张蒙，王维超.高中散文深度学习：致力语文核心素养的建构［J］.语文建设，2018（8）.

［47］张新，陈淑丽.情境教学在古诗词教学中的应用［J］.语文教学与研究，2014（29）.

［48］张玉华.核心素养视域下跨学科学习的内涵认识与实践路径［J］.上海教育科研，2022（5）.

［49］赵明东."深度学习"背景下高中语文有效课堂开展策略研究［J］.中学生作文指导，2022（30）.

[50] 赵文娟，刘晓莉．任务群视域下的高中语文项目学习实践与反思［J］．教书育人，2021（17）．

[51] 赵燕萍．语文课堂教学中的适时调整策略［J］．新课程学习（下），2012（4）．

[52] 郑春盛．初中语文阅读教学中深度学习策略的应用［J］．少年写作，2021（29）．

[53] 周先荣，姜正川．学研课堂的基本特点及其对教学创新的启示［J］．教育观察，2016（12）．

[54] 周秀萍．"新课标"背景下高中语文群文阅读的实践探讨［J］．读天下（综合），2020（33）．

三、报纸文章

[1] 冯智华．巧用四步法 解析文本结构 探寻文本意蕴［N］．北京考试报，2022-12-10．

[2] 李卫红．坚持以人为本 加快教育发展［N］．中国教育报，2006-01-08．

四、学位论文

[1] 韩梅．高中语文教材隐性知识的教学探究［D］．桂林：广西师范学院，2015．

[2] 皇剑花．"少教多学"在中学语文教学中的策略与方法研究［D］．金华：浙江师范大学，2013．

[3] 焦智捷. 文化传承与理解视阈下的初中古诗文教学研究[D]. 长春：东北师范大学，2021.

[4] 孔帅. 瑞恰兹文学批评理论研究[D]. 济南：山东大学，2011.

[5] 沈文洁. 支持深度学习的课堂对话研究[D]. 上海：华东师范大学，2020.

[6] 郗希娟. 叶圣陶"教是为了达到不需要教"之语文教育思想研究[D]. 西安：陕西师范大学，2011.

五、电子文献

[1] 教育部. 教育部关于全面深化课程改革落实立德树人根本任务的意见[EB/OL]. 中华人民共和国教育部官网，2014-03-30.

[2] 吴奇. 于漪：抓住四字法则，激发学生的学习兴趣[EB/OL]. 澎湃号，2022-10-11.

[3] 中共中央 国务院. 中共中央 国务院印发《深化新时代教育评价改革总体方案》[EB/OL]. 中国政府网，2020-10-13.